Crimes et Criminels

Ils ont marqué l'histoire

Crimes et Criminels

Ils ont marqué l'histoire

Nick Yapp

Parragon

Bath · New York · Singapore · Hong Kong · Cologne · Delhi · Melbourne

Copyright © Parragon Books Ltd
Queen Street House
4 Queen Street
Bath, BA1 1HE
Royaume-Uni

Illustrations © Getty Images
Conception et réalisation : Getty Images
Texte : Nick Yapp

Réalisation : InTexte, Toulouse

ISBN : 978-1-4075-0997-6

Imprimé en Chine
Printed in China

Frontispice : la cellule est typique d'une prison des États-Unis. Les mains sont celles de l'Américain Michael Bell attendant son exécution au Colorado State Penitentiary en 1962.

Sommaire

Introduction

Portrait-robot de l'homme recherché par la police britannique en relation avec les meurtres de l'Éventreur du Yorkshire. Il fut publié en 1979, année durant laquelle Peter Sutcliffe fut interrogé à deux reprises. Il fallut deux années et trois crimes supplémentaires pour que Sutcliffe soit enfin arrêté et condamné.

La grande majorité des criminels sont rapidement traités par le système judiciaire, reçoivent la sentence qu'ils méritent et disparaissent dans l'obscurité. Certains, à l'image de Henri Désiré Landru et de Peter Kürten, surnommé le vampire de Düsseldorf, deviennent célèbres en raison du caractère particulièrement abominable de leurs crimes. D'autres atteignent la postérité à travers l'identité de leur victime, tel l'acteur américain John Wilkes Booth, dont personne ne se souviendrait aujourd'hui s'il n'avait abattu, un soir d'avril 1865, le président américain Abraham Lincoln dans une loge d'un théâtre de Washington. De fait, l'assassinat est, pour nombre d'individus, une façon ultime et infaillible de sortir de l'anonymat. Quelque quatre-vingts années après les faits, on se souvient de Bruno Hauptmann parce qu'il fut déclaré coupable de l'enlèvement et du meurtre de Charles Lindbergh Junior, fils de vingt mois du célèbre aviateur américain.

Certains malfaiteurs demeurent dans la mémoire collective pour des raisons qui leur sont extérieures. L'Allemand Eugen Weidmann fut le dernier criminel guillotiné en place publique sur le territoire français, tandis que la Britannique Ruth Ellis fut la dernière femme exécutée au Royaume-Uni – elle serait peut-être en vie aujourd'hui si la notion de crime passionnel avait existé dans son pays. Le procès des jeunes Américains Nathan Leopold et Richard Loeb, convaincus de pouvoir commettre le crime parfait mais confondus par leurs erreurs d'amateurs, a été décrit dans plusieurs films. Les plus fameux criminels, tels Charles Manson, Jack l'Éventreur ou Al Capone, appartiennent à l'histoire parce que leurs actes ont tenu le monde entier en haleine durant des semaines, des mois ou des années.

Ces hommes – et les quelques femmes qui les égalèrent – brillèrent peu par leur charme, mais certains sont entrés dans la légende, à la manière de Robin des Bois, par leur choix d'une existence en marge et leurs défis permanents à la société. Nombre d'Américains applaudirent des deux mains lorsque Bonnie et Clyde ou John Dillinger parvinrent à déjouer les pièges tendus par les autorités, et beaucoup éprouvèrent une réelle tristesse lorsque ces hors-la-loi périrent finalement sous les balles, point d'orgue brutal de leurs extraordinaires aventures.

D'une manière générale, pourtant, meurtriers, ravisseurs et gangsters sont tous réunis dans une même infamie. Cet ouvrage présente une étonnante galerie de ces coupables, livre une description précise de leurs méfaits et s'interroge brièvement sur les raisons qui les ont poussés à ignorer le plus célèbre des Dix Commandements.

Hors-la-loi et anarchistes

Des voleurs de chevaux armés découpent les clôtures d'un ranch du Nebraska en 1885.

Les mythes et légendes de l'Ouest américain ont été contés dans un nombre incalculable de livres, films et ballades. La vérité, elle, a été souvent ignorée. Dans un monde où l'application de la loi était par essence précaire, la limite entre le bien et le mal était souvent incertaine. De fait, des personnages légendaires tels que Wyatt Earp, Wild Bill Hickock ou Bat Masterson furent à la fois représentants de la loi et hommes à la gâchette facile. Dans un tel contexte, le statut de héros ou de fripouille était essentiellement attribué par l'opinion publique. Durant les années 1870 et 1880, Jesse James fut incontestablement un héros.

Il eut la chance de recevoir le soutien de la presse, plus particulièrement celui de John Newman Edwards, rédacteur en chef du Kansas City Times et ardent défenseur d'un retour au pouvoir des confédérés dans l'État du Missouri. Au sein d'une société dominée par les petits agriculteurs, qui haïssaient les banques dévalisées par la bande James-Younger et n'éprouvaient aucune sympathie pour les agences de détectives nordistes chargées de poursuivre les malfaiteurs, quelques rumeurs suffirent pour transformer Jesse James en une sorte de héros populaire, empressé de donner aux pauvres ce qu'il prenait aux riches. La légende de Jesse James se trouva encore embellie par les circonstances de sa mort : il fut abattu d'une balle dans le dos par son complice Bob Ford, soucieux de toucher la récompense promise à celui qui ramènerait le hors-la-loi mort ou vif.

William Bonney, plus connu sous le pseudonyme de Billy the Kid, eut moins de chance que Jesse James. Il ne fit rien pour devenir populaire et mena une vie plutôt pathétique. À quinze ans, négligé par son beau-père, Billy the Kid se lia d'amitié avec un certain Sombrero Jack et se trouva une première fois arrêté pour vol. Relâché, il entreprit de gagner sa vie comme garçon de ferme puis comme joueur professionnel. Deux ans plus tard, Billy connut ses premiers ennuis

L'Ouest américain

Bob Ford, « Le lâche qui tua Jesse James », présente le revolver avec lequel il abattit le fameux hors-la-loi.

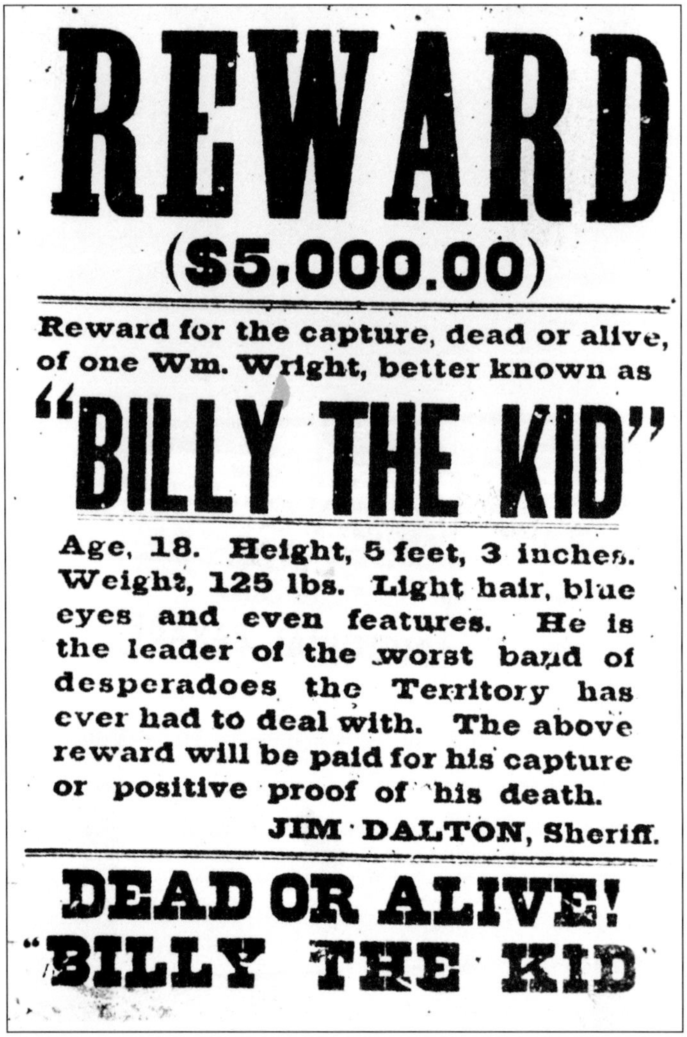

sérieux avec le meurtre de Frank Cahill, forgeron irlandais coupable de l'avoir provoqué une fois de trop. Il se réfugia dans l'État du Nouveau-Mexique, trouva du travail dans le ranch de L.G. Murphy et J.J. Dolan, et se trouva impliqué dans une longue bataille entre éleveurs rivaux. Plus tard, il abattit le shérif William Brady, coupable d'avoir tué son ami John Tunstall.

À l'inverse de ceux de Jesse James, les méfaits de Billy the Kid furent vivement dénoncés dans la presse, notamment sous la plume du colonel Albert Jennings Fountain,

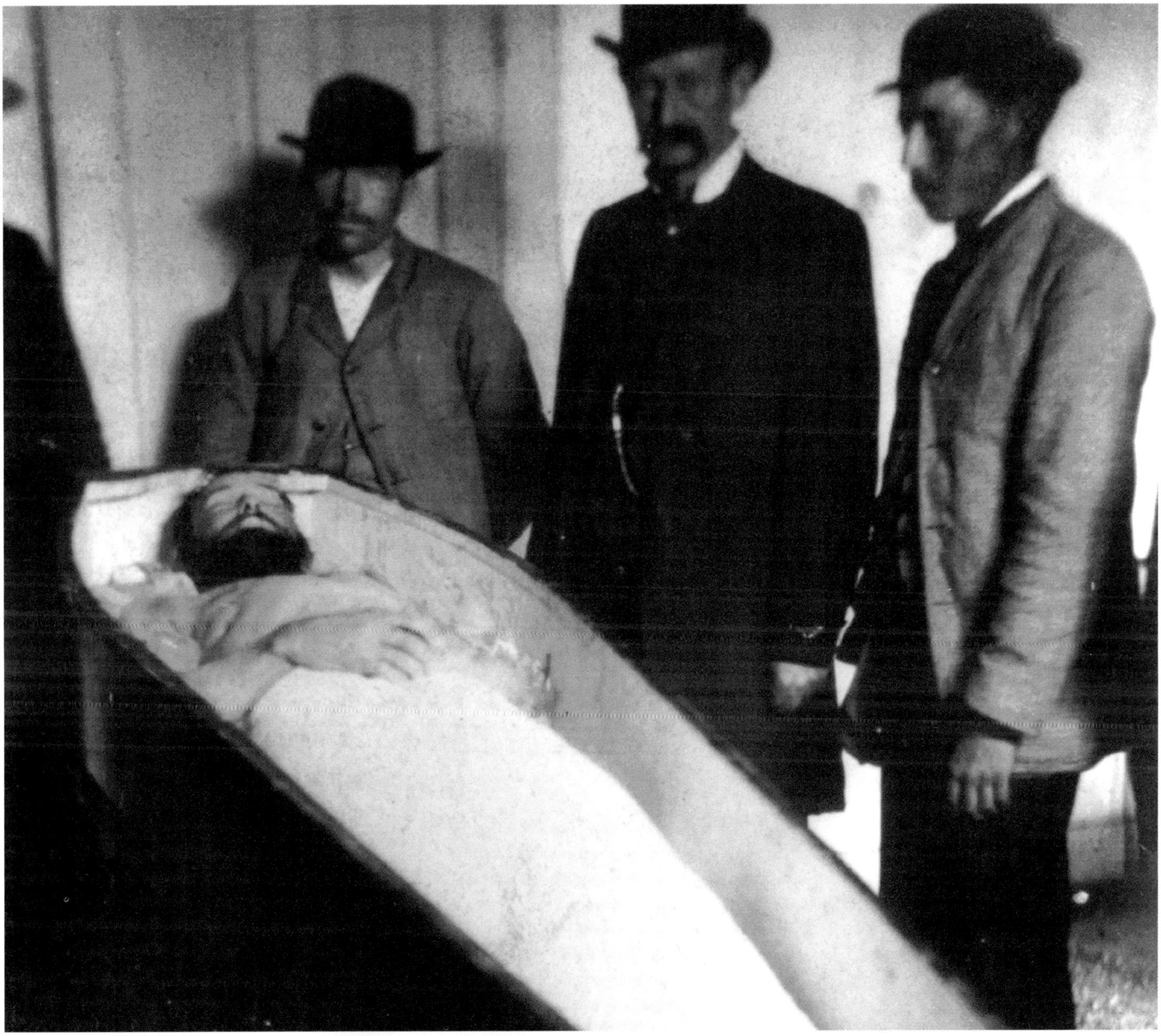

Sens horaire depuis la page de gauche : avis de recherche pour Billy the Kid publié en 1878 ; Billy the Kid à l'âge de vingt et un ans, une dizaine de mois avant sa mort ; Franck James (au centre) veille la dépouille de son frère Jesse à Saint-Joseph, Missouri, le 4 avril 1882 ; portrait de Franck James vers 1863 ; Jesse James un an environ après son premier meurtre, commis lors d'une attaque de banque à Gallatin, Missouri ; le shérif Pat Garrett, qui traqua et tua Billy the Kid.

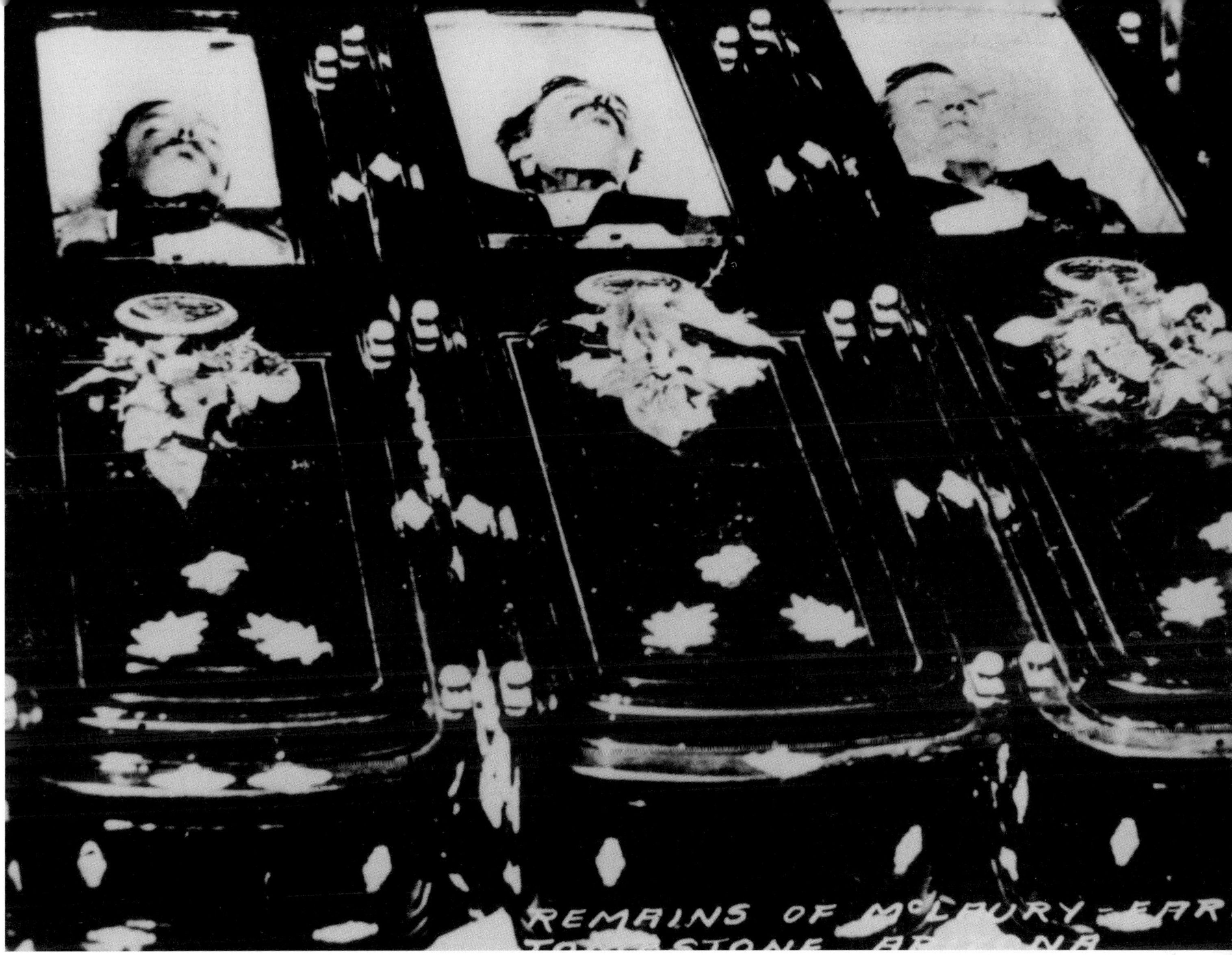

rédacteur en chef du *Mesilla Valley Independent*. Le Kid fut poursuivi par la malchance tout au long de sa vie. Après avoir été successivement abandonné par son père et son beau-père, il fut trahi par Lew Wallace, gouverneur du Nouveau-Mexique et auteur de l'ouvrage *Ben Hur*, qui lui avait faussement promis l'immunité contre son témoignage dans une affaire de meurtres entre bandes rivales, puis il fut abattu par le shérif Pat Garrett, seul homme auquel il avait accordé sa confiance et son amitié.

Sens horaire depuis la page de gauche : Harry Longbaugh (Sundance Kid), William Carver, Ben Kilpatrick, Harvey Logan et Robert Leroy Parker (Butch Cassidy) vers 1885 ; trois membres du Clanton Gang abattus par Wyatt Earp et ses hommes au OK Corral : (de gauche à droite) Tom McLaury, Franck McLaury et Billy Clanton ; Wild Bill Hickok, cow-boy, joueur, as du revolver et représentant de la loi à ses heures ; William « Bat » Masterson contraint d'utiliser une canne à la suite d'une blessure reçue lors de son premier duel ; Wyatt Earp vers vingt-cinq ans.

Après avoir conquis son indépendance aux dépens de l'Espagne en 1821, le Mexique connut durant près d'un siècle une suite de guerres, de coups d'État et de luttes intestines. Cette période agitée fut suivie d'une trentaine d'années de relative stabilité sous l'autorité de fer du président Porfirio Diaz. En 1910, après trente-quatre années au pouvoir, Diaz se proclama vainqueur d'élections entachées de fraudes massives, ce qui souleva la colère du peuple mexicain. Au nombre de ceux qui prirent alors les armes figurèrent Emiliano Zapata, surnommé El Tigre, et José Doroteo Arango Arámbula, alias Pancho Villa. Les deux hommes étaient d'ardents défenseurs des petits paysans et possédaient un sens inné de la lutte armée. Leurs exploits ont été célébrés à travers de nombreux livres et films, et tous deux moururent assassinés.

Pourtant Zapata et Pancho Villa présentaient des origines sociales très différentes. Fils d'un riche ranchero mexicain, Zapata n'eut jamais à redouter la pauvreté, à la différence de Pancho Villa, qui travaillait la terre comme modeste métayer. À l'époque du soulèvement populaire, Zapata faisait déjà campagne pour la redistribution des terres sous le slogan Tierra y Libertad (Terre et Liberté). Villa, pour sa part, était déjà un hors-la-loi, habitué du vol de bétail et auteur du meurtre d'un propriétaire terrien coupable d'avoir violé sa jeune sœur.

Dès 1910, les deux hommes se mirent au service de Francisco Madero, candidat à la présidence de la République, et obtinrent de retentissants succès. Le 20 novembre 1910, lors de la bataille de Ciudad Juárez, l'armée du nord de Pancho Villa infligea une cuisante défaite aux hommes de Diaz, sous l'œil de plusieurs observateurs américains.

Emiliano Zapata et Pancho Villa

Au faîte de leur gloire, Emiliano Zapata (à gauche) et Pancho Villa sont assis côte à côte, le 2 janvier 1915.

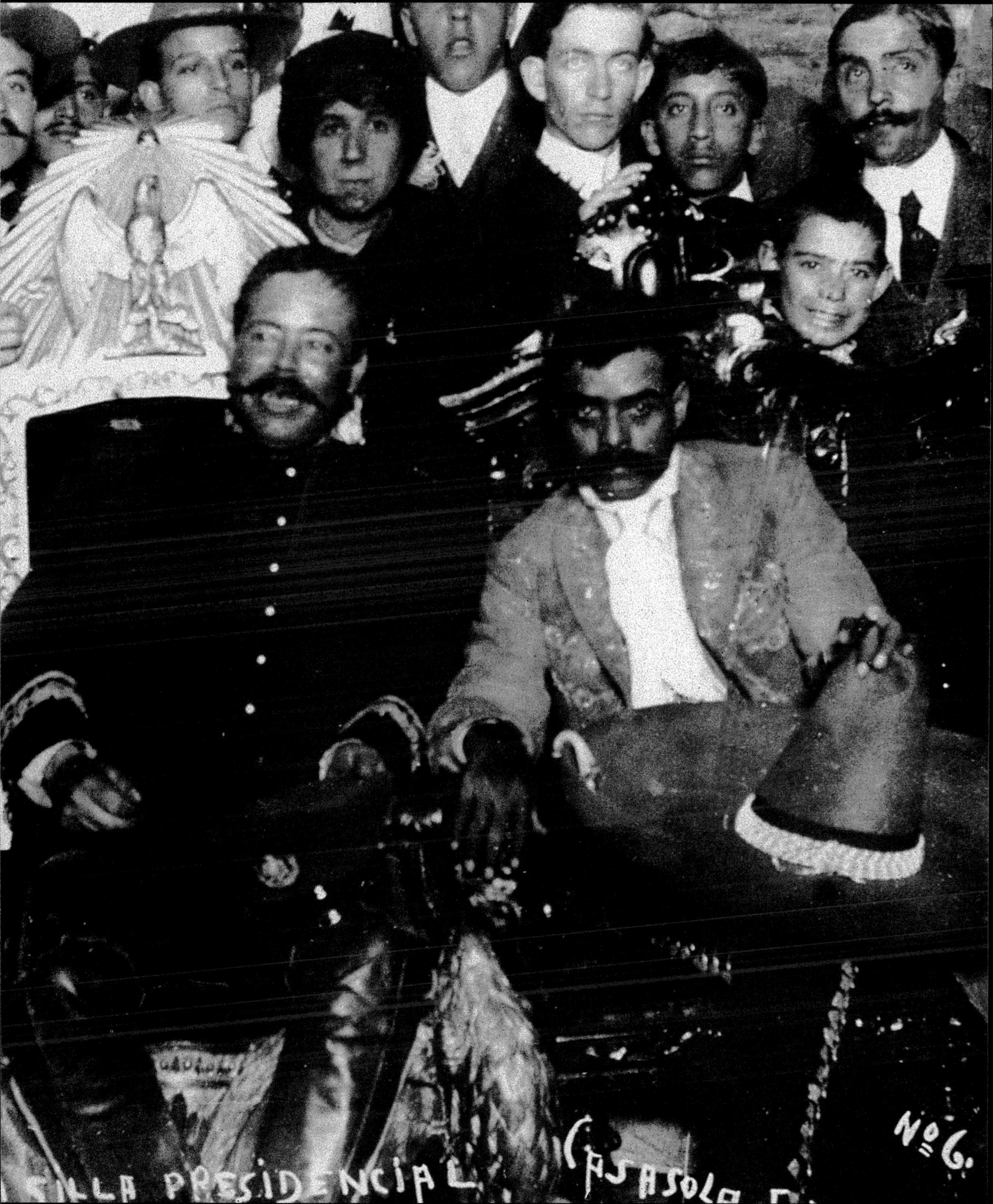
PRESIDENCIAL
CASASOLA
No 6.

Madero prit alors le pouvoir mais son mandat fut de courte durée. Il fut trahi par le général Victoriano Huerta, qui après avoir durement réprimé la rébellion contre Madero, se déclara président en 1913 avec le soutien de l'ambassadeur américain Henry Lane Wilson. Dès son arrivée au pouvoir, Huerta ordonna l'exécution de Madero et mit fin à toutes les réformes agraires. Zapata et Villa se rangèrent alors au côté de Venustiano Carranza et connurent la période la plus faste de leur histoire.

Leurs armées respectives se gonflèrent de milliers de paysans révoltés et leurs exploits retentirent bien au-delà des frontières du Mexique. Dotés de bonnes montures et puissamment armés, les bandoleros entreprirent de

En haut : Pancho Villa (cheval blanc) et ses hommes vers 1914 ; ci-contre : Emiliano Zapata au temps des révoltes agraires dans le sud du Mexique, 1913 ; à droite : exécution sommaire par les supporteurs de Venustiano Carranza, 1915.

redistribuer par la force les richesses du pays à la manière de héros mythiques. En 1913, Thomas Woodrow Wilson, nouveau président des États-Unis, rappela son ambassadeur homonyme, prit fait et cause pour Carranza et organisa le blocus du port de Vera Cruz afin de stopper les importations d'armes et de munitions vouées à l'armée régulière. Zapata contrôlait alors le sud du Mexique, et Villa avait remporté une série de batailles à Ciudad Juárez, Tierra Blanca, Chihuahua et Ojinaga. En décembre 1914, Zapata et Villa se rencontrèrent pour la première fois et entrèrent ensemble dans Mexico. Le 14 juillet de cette même année, Huerta quitta le Mexique et l'année suivante, l'accession à la présidence du Mexique de Venustiano Carranza fut reconnue par plusieurs nations d'Amérique du Sud et par les États-Unis.

Peu après, quelques différends se firent jour entre Carranza et ses deux glorieux généraux. En 1916, Villa et son armée pénétrèrent dans l'État américain du Nouveau-Mexique et attaquèrent la ville de Colombus, causant la mort de dix soldats américains et de huit civils. En représailles, et avec l'accord de Carranza, Wilson envoya une armée de onze mille hommes sous le commandement du général John Pershing à la poursuite de Pancho Villa. Cette incursion en territoire mexicain fut infructueuse, et l'armée de Pershing fut rappelée en 1917 afin de rejoindre les champs de bataille européens.

Emiliano Zapata, quant à lui, continua son action jusqu'en 1919, année où il tomba dans un piège tendu par le colonel Jesús Guajardo. Guajardo avait fait courir le bruit qu'il souhaitait rejoindre l'armée de Zapata, mais il fit abattre le fameux révolutionnaire dès qu'il se présenta sur les lieux du rendez-vous fixé par ses soins. Après quelques années de semi-retraite, Pancho Villa fut assassiné en 1923 au volant de son automobile à Hidalgo del Parral, dans l'État du Chihuahua.

Intervention américaine. En haut à gauche : le général John Pershing mène ses hommes à la poursuite de Pancho Villa, 1916 ; au centre : un navire de guerre américain se prépare à bombarder Vera Cruz, 1914 ; page opposée : le drapeau américain flotte sur le Terminal Hotel, Vera Cruz, quartier général de l'amiral Frank Fletcher durant la guerre civile mexicaine, 1914.

Au début du XIXe siècle, le gouvernement travailliste britannique, avec au poste de ministre de l'Intérieur un certain Winston Churchill, était vivement critiqué pour sa politique d'immigration autorisant l'installation à Londres de nombreux réfugiés politiques et économiques en provenance de Russie et des États baltes. Ce ressentiment se trouva attisé lorsqu'une bande d'anarchistes lettons menés par Peter Piaktow, dit Peter le Peintre, s'embarqua dans une série de méfaits, dont les meurtres de trois policiers dans le quartier de Houndsditch. Plusieurs membres de la bande furent arrêtés au cours de la vaste chasse à l'homme qui suivit ces crimes, et l'un d'eux informa les autorités que ses complices étaient réunis dans une maison au 100, Sidney Street.

Le 3 janvier 1911, la police londonienne encercla l'édifice mais, devant le puissant armement exhibé par les malfaiteurs, elle fut contrainte d'appeler en renfort une compagnie de Scots Guards basée à la Tour de Londres. Mis au courant des événements, Winston Churchill s'empressa de se rendre sur les lieux. Il y fut accueilli par les quolibets d'une foule criant : « Qui les a laissés entrer ? » Churchill se garda de prendre la direction de l'opération mais prodigua divers conseils, notamment ceux d'user de pièces d'artillerie lourde et de mener un assaut sous la protection d'une lourde tôle d'acier. Aucune de ses idées ne fut mise en pratique, car une fumée noire apparut soudainement à une fenêtre du bâtiment. Churchill interdit l'intervention des pompiers arrivés sur les lieux et bientôt le toit et l'étage de l'édifice s'effondrèrent dans un grand fracas. Lorsque la police pénétra finalement dans les décombres, elle y découvrit les cadavres calcinés de deux membres de la bande, Fritz Svaars et William Sokolow, mais aucune trace de Peter Piaktow.

Dans les semaines qui suivirent, Churchill fut maintes fois moqué pour son rôle dans cette affaire. Cinq membres de la bande furent finalement jugés et acquittés faute de preuves.

Siège de Sidney

Le 3 janvier 1911, la foule se rassemble alors qu'une compagnie de Scots Guards est en position. Les troupes britanniques n'avaient pas été vues dans les rues de Londres depuis le « Bloody Sunday » de 1887. Encart : Winston Churchill, jeune.

Tea

L'Américain John Dillinger était un homme à femmes doté d'un sourire à la Frank Sinatra, mais, à la différence du fameux crooner, il ne buvait ni ne fumait. Sa seule mauvaise habitude, contractée vers la fin de sa courte existence, était celle d'attaquer les banques. Dillinger fut l'archétype du gangster américain des années 1930, audacieux, sans aucun scrupule, et toujours accompagné d'une jolie femme et d'une arme à feu.

Bien que d'un caractère rebelle depuis son enfance, Dillinger ne bascula dans le crime qu'après avoir déserté la marine américaine. En septembre 1924, il déroba six cents dollars dans une épicerie de son bourg natal de Mooresville, méfait pour lequel il fut condamné à huit ans de prison. Libéré sur parole en mai 1933, il passa le reste de sa vie en cavale. Sa folle équipée commença par une série d'attaques de banques dans l'Indiana et l'Ohio en compagnie de deux ex-prisonniers nommés John Hamilton et Harry Pierpont. Au cours de l'une d'elles, Dillinger fut fait prisonnier, mais un assaut audacieux de ses complices permit sa libération. Quelque temps plus tard, les trois hommes attaquèrent deux postes de police de l'Indiana afin de se procurer armes et gilets pare-balles.

Les attaques de banques continuèrent durant près de trois mois, puis l'aventure prit un tour calamiteux en janvier 1934 lorsque Dillinger abattit un policier au cours d'une attaque à Chicago. Dès lors, il devint l'ennemi public numéro un. En janvier 1934, Dillinger et ses complices furent reconnus et arrêtés à Tucson, Arizona. Dillinger fut condamné à vingt ans de prison. Deux semaines plus tard, il parvint à s'évader à l'aide d'un pistolet en bois enduit de cirage noir.

Il entreprit alors de se laisser pousser la moustache et reprit ses attaques de plus belle. Le 31 mars 1934, sur les informations d'un indicateur, le FBI tenta de surprendre Dillinger

John Dillinger

Photographie de l'ennemi public numéro un John Dillinger, meurtrier et pilleur de banque, prise durant sa cavale.

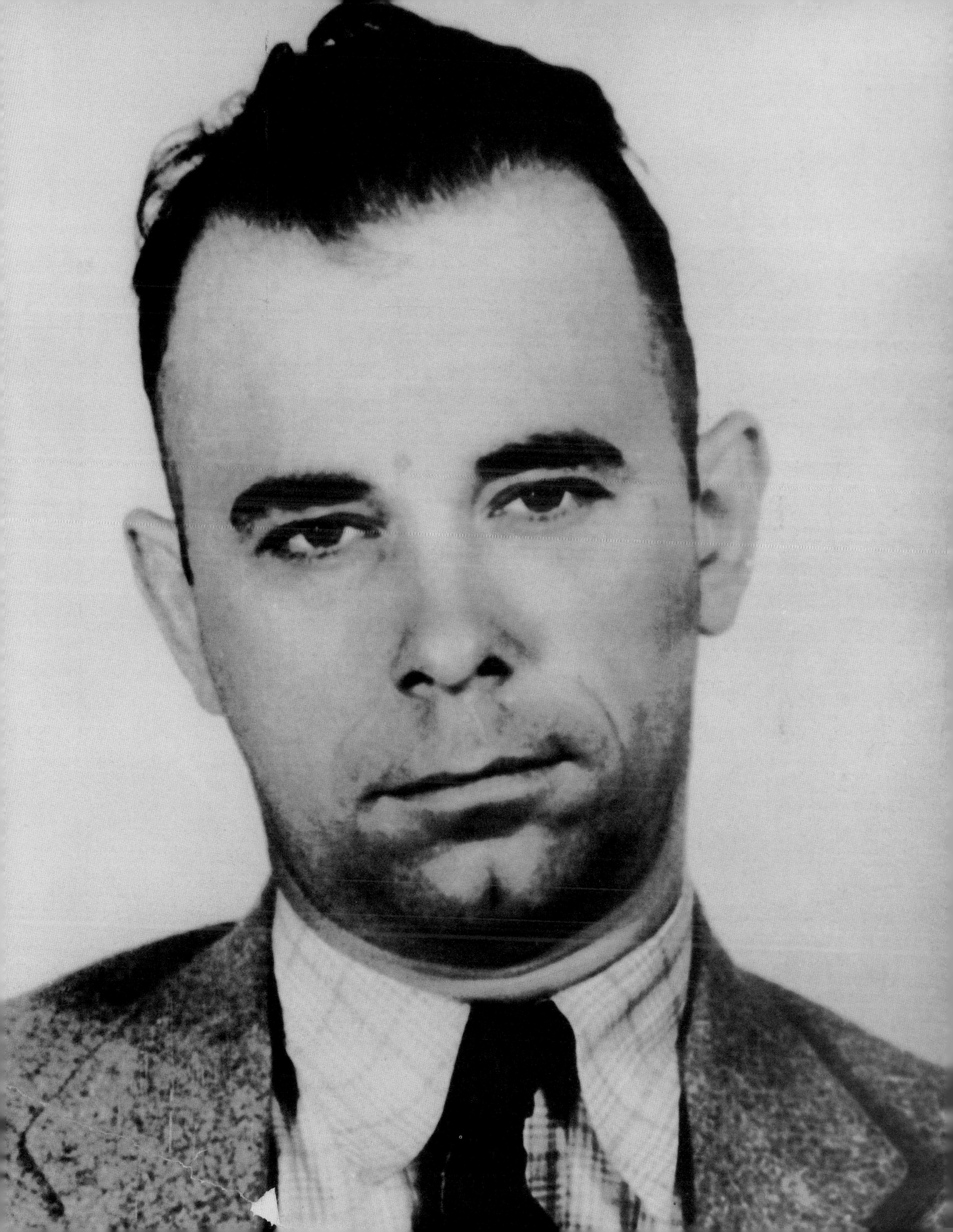

Sens horaire depuis la page de gauche : Dillinger à l'âge de huit ans dans la ferme parentale de l'Indiana ; automobile dans le Wisconsin, où Dillinger commit quelques-unes des ses attaques, alors que le FBI était aux trousses du malfaiteur, le 26 avril 1934 ; Dillinger menotté au chef de la police Carroll Holby, alors que son avocat Joseph Ryan est assis à sa gauche, Crown Point, Indiana, 5 février 1934 ; avis de recherche émis par le FBI en juin 1934, un mois avant la mort de Dillinger à Chicago.

à Saint-Paul, Minnesota, mais celui-ci, faisant usage de son arme, parvint à s'échapper avec deux complices. Le 23 avril, les trois hommes échappèrent à deux nouvelles embuscades, tuant au passage deux policiers et en blessant cinq autres. La fin était proche.

La police de Chicago persuada une prostituée nommée Anna Sage de trahir Dillinger. Le soir du 22 juillet 1934, Dillinger, son amie Polly Hamilton et Sage se rendirent dans un cinéma de la ville pour y voir le film *Manhattan Melodrama*. Sage portait une robe orange, facilement reconnaissable par les hommes du FBI postés devant l'édifice. Lorsque Dillinger émergea du cinéma, l'un des policiers l'interpella par son prénom. Dillinger se retourna et fut criblé de balles. Au moment de sa mort, il était recherché pour seize meurtres.

WANTED

JOHN HERBERT DILLINGER

On June 23, 1934, HOMER S. CUMMINGS, Attorney General of the United States, under the authority vested in him by an Act of Congress approved June 6, 1934, offered a reward of

$10,000.00

for the capture of John Herbert Dillinger or a reward of

$5,000.00

for information leading to the arrest of John Herbert Dillinger.

DESCRIPTION

Age, 32 years; Height, 5 feet 7-1/8 inches; Weight, 153 pounds; Build, medium; Hair, medium chestnut; Eyes, grey; Complexion, medium; Occupation, machinist; Marks and scars, 1/2 inch scar back left hand, scar middle upper lip, brown mole between eyebrows.

All claims to any of the aforesaid rewards and all questions and disputes that may arise as among claimants to the foregoing rewards shall be passed upon by the Attorney General and his decisions shall be final and conclusive. The right is reserved to divide and allocate portions of any of said rewards as between several claimants. No part of the aforesaid rewards shall be paid to any official or employee of the Department of Justice.

If you are in possession of any information concerning the whereabouts of John Herbert Dillinger, communicate immediately by telephone or telegraph collect to the nearest office of the Division of Investigation, United States Department of Justice, the local addresses of which are set forth on the reverse side of this notice.

JOHN EDGAR HOOVER, DIRECTOR,
DIVISION OF INVESTIGATION,
UNITED STATES DEPARTMENT OF JUSTICE.

Clyde « Champion » Barrow et Bonnie Parker se rencontrèrent pour la première fois en janvier 1930. Il avait alors vingt et un ans et elle, dix-neuf. Le 23 mai 1934, un peu plus de quatre ans plus tard, ils périrent sur une route de campagne, en Louisiane, abattus sans sommation par les forces de l'ordre. Durant ce laps de temps, ils commirent onze meurtres, menèrent à bien une multitude de hold-up et furent les complices de plusieurs évasions. Clyde fut arrêté une première fois en février 1930 et condamné à deux ans de prison pour vol d'automobile. Après une courte cavale, il fut repris et dut purger sa peine.

Dès sa libération, en février 1932, il retrouva Bonnie, et le couple entama sa terrible épopée. Leur première victime fut un épicier du bourg d'Hillsboro, au Texas, abattu alors qu'il tentait de résister à l'attaque de sa boutique. Dès lors, Bonnie et Clyde continuèrent leurs crimes, échappant au passage à deux embuscades tendues par les autorités en 1933, l'une dans l'Iowa en juillet, l'autre près de Grand Prairie, au Texas, en novembre.

Cette même année vit l'implication du FBI, autorisé à rechercher le couple au titre du transport d'un État à un autre d'automobiles volées. La chance sembla quitter alors les deux fugitifs. Le 21 mai 1934, leurs poursuivants apprirent par un informateur qu'ils devaient se rendre à Blake Lake, en Louisiane, au cours des jours suivants. Une troisième embuscade fut tendue, et Bonnie et Clyde furent abattus dans leur automobile. Ils moururent instantanément. Clyde avait alors vingt-cinq ans, Bonnie, vingt-trois.

Au cimetière de Crown Hill, à Dallas, la pierre tombale de Bonnie Parker porte l'épitaphe suivante : « De même que les fleurs sont rendues plus belles par la rosée et le soleil, le monde est éclairé par les vies de gens comme vous. » Les petits épiciers, les membres des polices du Texas et de la Louisiane, et les agents du FBI ne partageaient sans doute pas cet avis.

Bonnie et Clyde

Bonnie Parker et Clyde Barrow se jouent de la mort sur cette photo prise en 1932. Deux ans plus tard, la mort eut le dernier mot.

À la fin des années 1960, l'Europe connut une période d'extrémisme politique particulièrement marquée. En Allemagne de l'Ouest, un groupuscule d'extrême gauche, la Rote Armee Fraktion (RAF – Fraction armée rouge), entreprit de passer à l'action directe. Parmi ses premiers meneurs figuraient Andreas Baader, Thorwald Proll, Horst Sohnlein et Gudrun Ensslin. Le groupe, bientôt rejoint par la journaliste Ulrike Meinhof, commit, entre 1970 et 1972, une série d'attaques de banques et plusieurs attentats à la bombe.

La réaction des autorités ouest-allemandes fut immédiate. En juin 1972, Baader, Meinhof et plusieurs complices furent arrêtés, emprisonnés, mis à l'isolement, privés de droits de visite et nourris de force dès lors qu'ils entamaient une grève de la faim. En 1976, Ulrike Meinhof se pendit dans sa cellule. Entre mai 1972 et octobre 1977, une deuxième génération d'activistes commit une série d'attentats, dirigés notamment contre un poste de police, un cantonnement de l'armée américaine et le quartier général des renseignements militaires américains en Allemagne de l'Ouest. En 1975, la RAF occupa l'ambassade ouest-allemande à Stockholm, puis elle assassina, en avril 1977, le procureur fédéral Siegfried Buback.

La campagne de terreur culmina durant l'automne 1977 avec l'enlèvement et l'assassinat de Hans-Martin Schleyer, président du patronat ouest-allemand, et le détournement d'un avion de la Lufthansa vers Mogadiscio, en Somalie. Le gouvernement ouest-allemand réagit alors avec force. Il refusa toute négociation et ordonna l'assaut de l'appareil par le GSG 9, corps d'élite de la police. Trois des terroristes furent tués durant l'opération et tous les otages, libérés.

En prison, Baader, Ensslin et les autres membres de la RAF apprirent l'échec du détournement. Le lendemain, Andreas Baader, Gudrun Ensslin et Jan-Carl Raspe furent découverts morts dans leurs cellules. La thèse du suicide fut longtemps contestée, mais elle est aujourd'hui considérée comme la plus vraisemblable.

La bande à Baader

Ci-contre, en haut : arrestation d'Andreas Baader à Francfort en juin 1972.
Ci-contre, en bas : les fondateurs de la RAF (de gauche à droite), Ulrike Meinhof, Gudrun Ensslin, Jan-Carl Raspe et Andreas Baader.

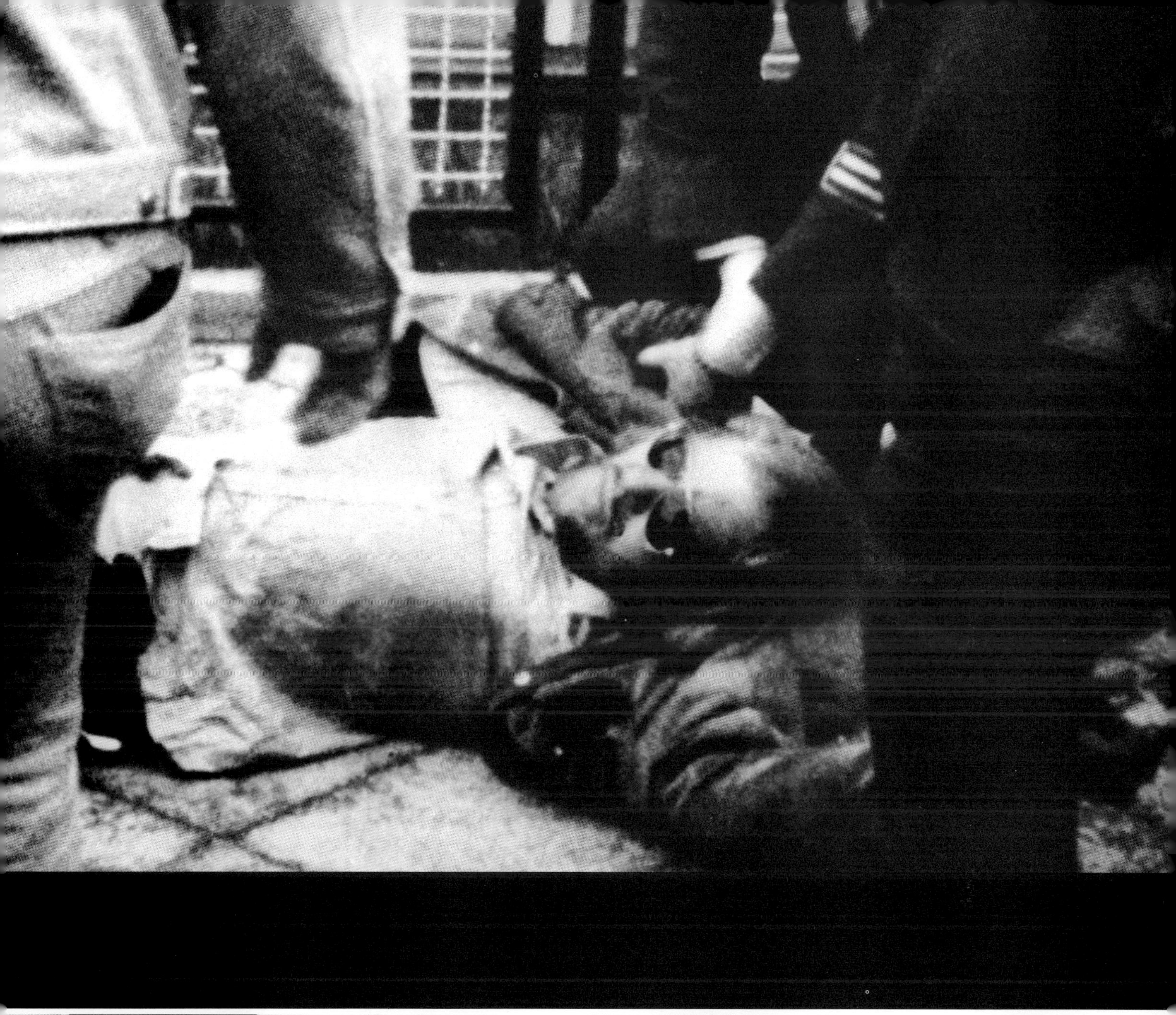
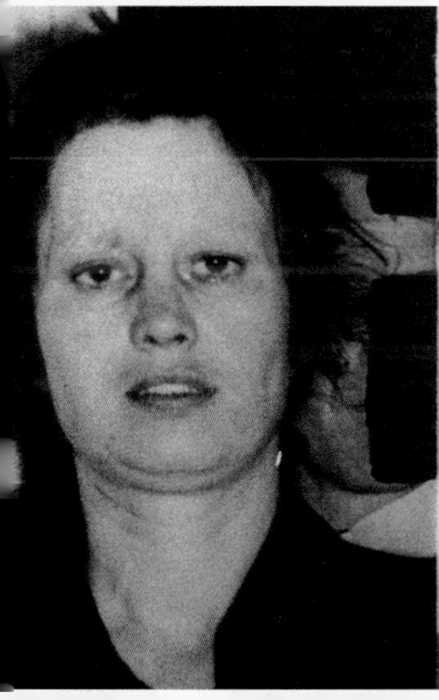

Aux premières heures du 5 septembre 1972, huit terroristes de l'organisation Septembre Noir, vouée à la cause palestinienne et au renversement du roi Hussein de Jordanie, pénétrèrent dans le village olympique de Munich et forcèrent les portes de deux appartements occupés par des athlètes israéliens. Malgré la résistance de deux d'entre eux, Yossef Gutfreund et Yossef Romano, tués durant l'assaut, ils parvinrent à prendre neuf Israéliens en otage.

Contre la vie de ceux-ci, les terroristes exigèrent la libération de deux cent trente-quatre prisonniers palestiniens et non arabes incarcérés en Israël et leur libre passage vers l'Égypte. Ils demandèrent également la libération d'Andreas Baader et d'Ulrike Meinhof, emprisonnés en Allemagne de l'Ouest pour leurs actes de terrorisme au nom de la Rote Armee Fraktion. Les autorités ouest-allemandes refusèrent ces demandes et proposèrent une très forte somme d'argent, ce à quoi les terroristes répondirent que l'argent n'avait pas d'intérêt pour eux.

Durant la matinée du 5 septembre, le chef de la police munichoise et plusieurs membres du Comité olympique égyptien tentèrent sans succès d'obtenir une solution négociée. Quelques heures plus tard, les terroristes exigèrent un départ vers Le Caire. À 22 h 10, deux hélicoptères transportèrent les fedayins et leurs otages vers l'aéroport militaire de Fürstenfeldbrück, où cinq tireurs d'élite de la police allemande avaient été postés. Plusieurs autres policiers déguisés en hommes d'équipage étaient postés dans un Boeing 727 stationné sur la piste de la base. Ces hommes devaient maîtriser les terroristes occupant le premier hélicoptère tandis que les tireurs d'élite se chargeaient de ceux du second, mais ils décidèrent d'abandonner l'intervention après la découverte du nombre réel des ravisseurs – huit au lieu des quatre supposés.

Septembre Noir

L'un des terroristes de Septembre Noir sur un balcon du village olympique de Munich, le 5 septembre 1972.

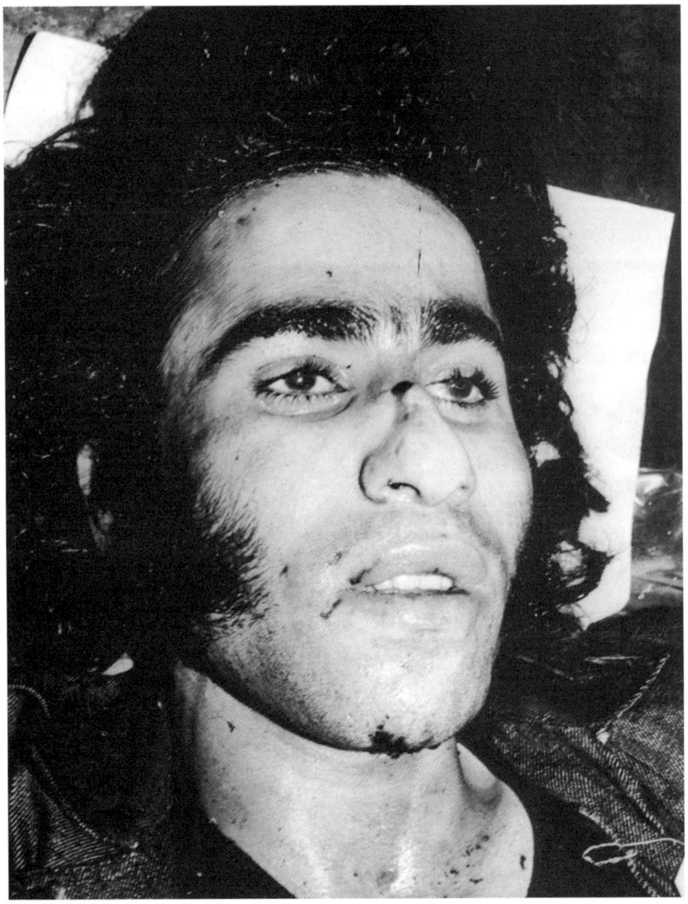

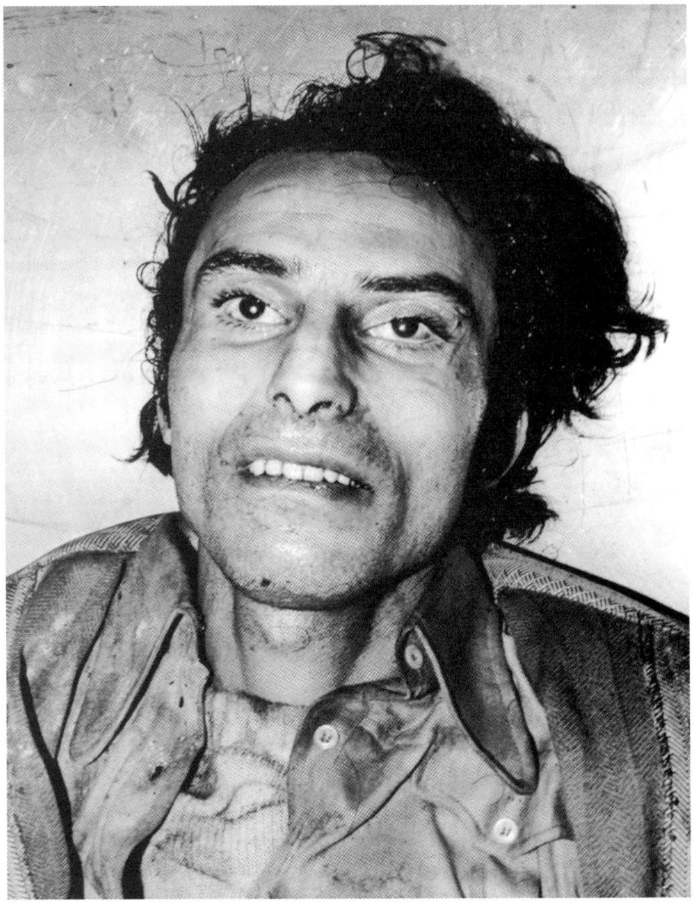

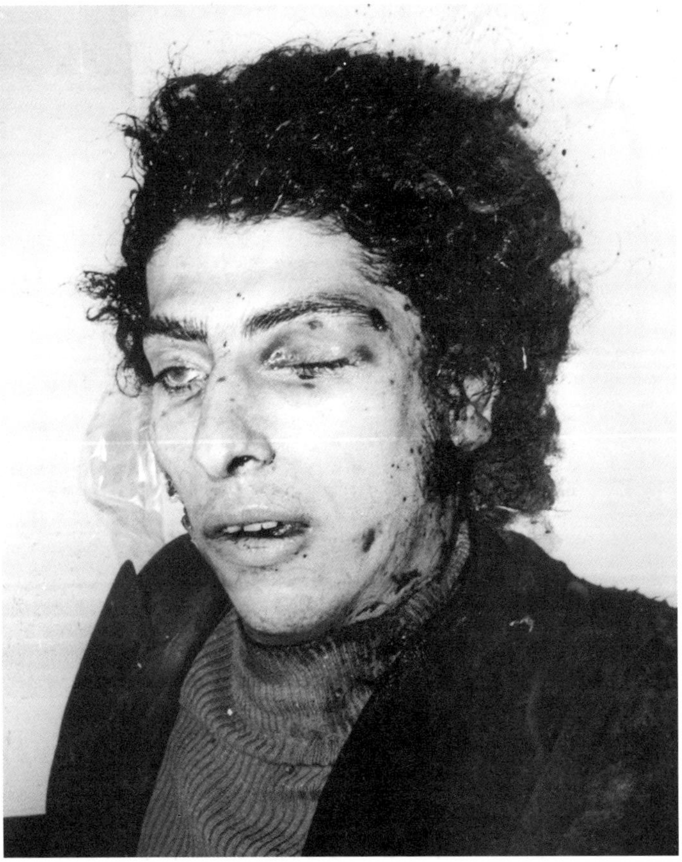

Après l'atterrissage des hélicoptères, deux terroristes allèrent inspecter l'avion tandis que quatre de leurs complices tenaient les pilotes en joue. En découvrant que l'appareil était vide, les terroristes comprirent qu'ils avaient été dupés, et au même moment, les autorités ordonnèrent aux tireurs d'élite d'ouvrir le feu. Un terrible chaos s'ensuivit. Deux terroristes furent tués, mais leurs complices réussirent à s'abriter et à riposter. Les otages ligotés ne purent quitter les hélicoptères, et dans la confusion, la police allemande tira sur ses propres hommes. Le 6 septembre à 0 h 06, les terroristes tuèrent les otages. Au total, dix-sept personnes périrent : onze athlètes israéliens, un policier allemand et cinq des terroristes.

Plus tard, l'Américain Avery Brundage, président du Comité olympique international, ne fit aucune allusion au massacre dans une allocution vantant la force du mouvement olympique.

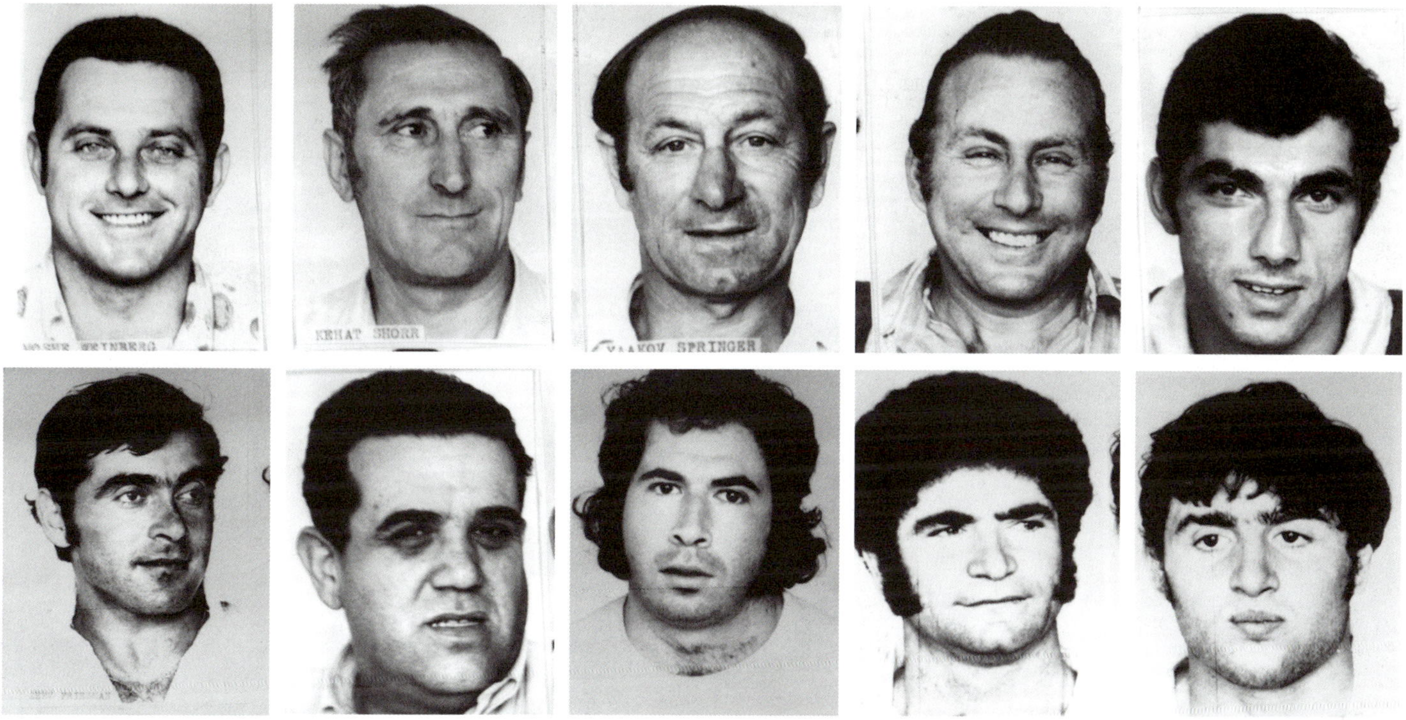

Page opposée : trois des terroristes palestiniens. Les victimes israéliennes : (en haut, de gauche à droite) Moshe Weinberg, Kehat Schur, Yakov Springer, Amitzur Shapira, Eliezer Halfen (en bas, de gauche à droite) Zeev Friedman, Yossef Gutfreund, David Berger, Yossef Romano, Mark Slavin. Ci-contre : couverture du magazine américain *Time* le 18 septembre 1972.

Gains illicites

Deux trafiquants de drogue comparaissent à Chicago le 1er mars 1954.

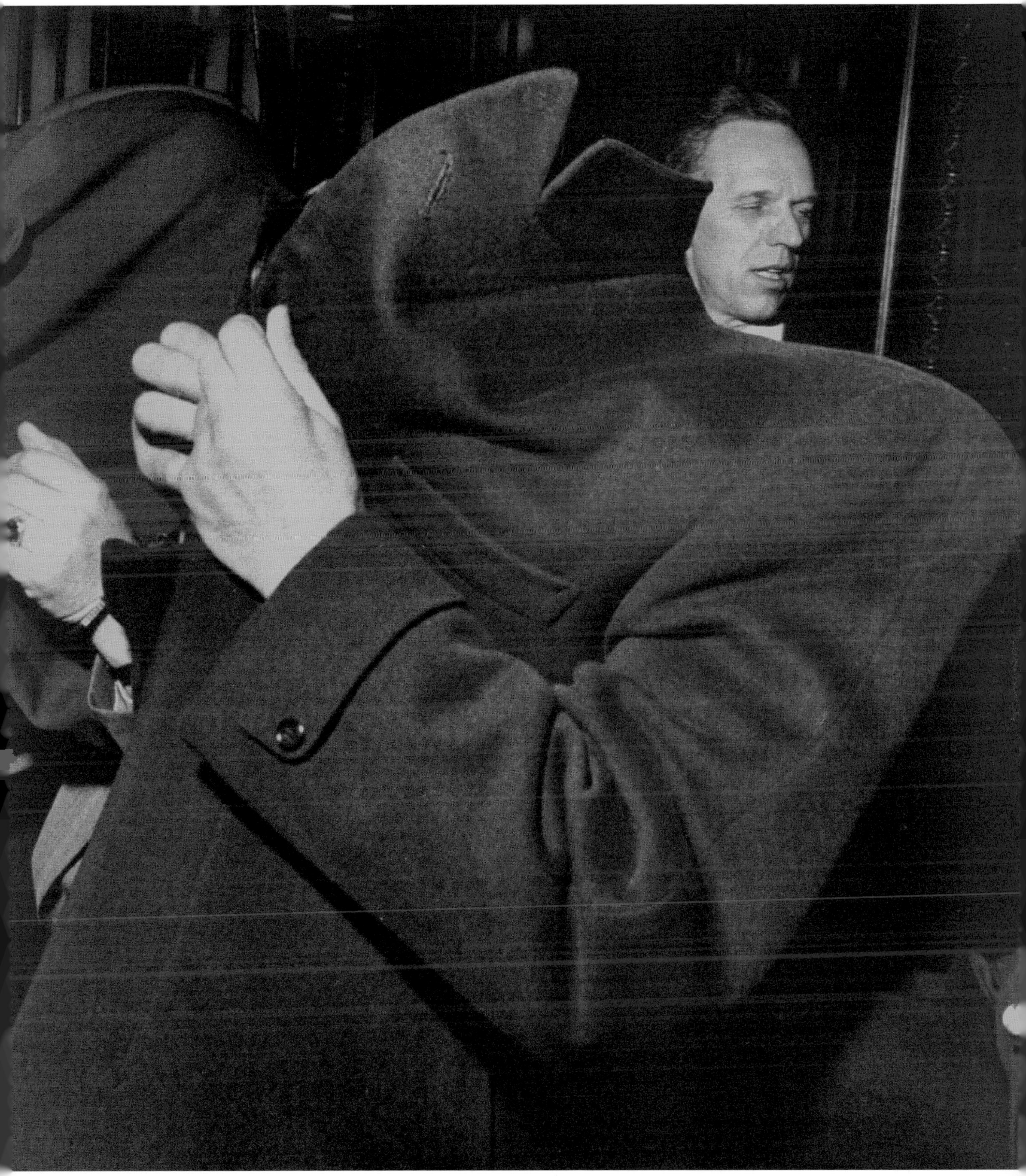

Durant plusieurs siècles, la pomme de terre a joué un rôle primordial dans l'histoire de l'Irlande. Au début du XIXe siècle, les paysans irlandais vivaient presque exclusivement de ce tubercule et, lorsque le mildiou détruisit l'essentiel des récoltes au cours des années 1840, des centaines de milliers d'entre eux connurent la famine. La maladie s'installa de façon soudaine : un voyageur rapporta qu'il vit des plants luxuriants le 27 juillet 1846 et des terres totalement désolées le 1er août de la même année.

Dès son introduction en Irlande depuis le Nouveau Monde au XVIe siècle, la pomme de terre connut également un usage exotique, celui de principal ingrédient d'un puissant alcool blanc. La distillation d'alcool était une pratique courante en Irlande depuis au moins un millénaire, mais peu des breuvages obtenus égalaient la force brute de l'alcool de pomme de terre, capable d'infliger la cécité et même la mort. Peu après l'émergence de cette eau-de-vie très populaire, sa fabrication fut déclarée illégale par le roi Charles II Stuart et punie d'une peine de six mois de travaux forcés. Les contrevenants s'exposaient également à une forte amende.

En réaction à cette loi, les distillateurs irlandais installèrent leurs attirails dans des cabanes perdues dans les bois et les collines, voire sur des cours d'eau, à l'intérieur de bateaux à fond plat, afin de continuer à produire leur élixir magique. Durant près de trois siècles, policiers et distillateurs clandestins livrèrent bataille mais, jusqu'au début du XXe siècle, la volonté d'éradiquer cette pratique demeura timide. Aujourd'hui, la demande pour l'alcool de pomme de terre est réduite, mais certains utilisent désormais le réseau Internet pour la distribuer.

Distilleries clandestines

Distillation clandestine dans le Connemara en 1885.

En 1854, Roger Tichborne, héritier d'une immense fortune embarqua à destination de Londres depuis Rio de Janeiro et ne fut jamais revu. Refusant de croire en sa mort, sa mère, Henriette Tichborne, plaça de nombreux avis de recherche dans les principaux journaux des dominions britanniques. Dix années plus tard, Lady Tichborne apprit qu'un homme répondant à la description de son fils avait été localisé à Wagga Wagga, dans l'État australien de Nouvelle-Galles du Sud. Elle écrivit à cet individu, l'implorant de revenir en Europe. Un an plus tard, Arthur Orton et Lady Tichborne se rencontraient dans un hôtel parisien par un froid après-midi de janvier. L'infortunée mère proclama avoir retrouvé son fils, alors même qu'Orton affichait une généreuse corpulence et ne parlait pas un mot de français – Roger Tichborne était mince et avait vécu à Paris jusqu'à l'âge de seize ans. Lady Tichborne emmena Orton en Angleterre et lui attribua une rente annuelle de mille livres sterling. Elle mourut un an plus tard.

Anticipant l'héritage, Orton avait emprunté beaucoup d'argent et avait également profité des douze mois passés avec Lady Tichborne pour mémoriser certains détails de l'enfance de Roger Tichborne. L'avocat de la famille et les officiers ayant autrefois servi au côté de Roger Tichborne étaient convaincus qu'Orton et Tichborne ne faisaient qu'un, mais les administrateurs de la fortune Tichborne étaient convaincus du contraire. En dernier recours, Arthur Orton entreprit une action en justice contre Henry Tichborne, frère de Roger, déclaré héritier légitime.

Le procès dura cent deux jours, dont vingt-deux consacrés à l'interrogatoire d'Orton par le juge John Coleridge. Orton perdit son procès, puis fut accusé de faux témoignage et condamné à quatorze années de travaux forcés. Selon toute vraisemblance, Orton était un simple boucher australien doué du goût de l'aventure, d'un sang-froid à toute épreuve et de l'envie irrésistible de faire fortune

L'héritage Tichborne

Arthur Orton, boucher australien qui prétendit être le baronnet Roger Tichborne, héritier d'une immense fortune.

Thérèse Daurignac naquit en 1856 au sein d'une famille paysanne d'Ausonne, en Haute-Garonne. Adolescente, elle montrait déjà un goût pour le subterfuge, persuadant notamment ses amies de mettre en commun leurs bijoux afin de faire croire à leurs prétendants qu'elles étaient riches. En partie grâce à ce stratagème, Thérèse parvint à épouser Frédéric Humbert, fils du maire de Toulouse, en 1878.

En 1880, Thérèse Humbert déclara que, durant un voyage en train, elle avait entendu des gémissements provenant du compartiment voisin et y avait trouvé Robert Henry Crawford, millionnaire américain, en proie à une crise cardiaque. Elle précisa qu'elle avait tenté de soulager Crawford et que celui-ci, en remerciement, lui avait promis une forte récompense. En 1881, elle produisit une lettre annonçant que Crawford était décédé et qu'il lui avait légué une partie de ses richesses. Le même document stipulait que Thérèse Humbert devait veiller sur la fortune de Crawford, placée sous scellés dans un coffre, jusqu'à ce que sa jeune sœur soit en âge d'épouser le neveu du millionnaire. Armée de ce récit et du coffre, le couple Humbert obtint un prêt important auprès d'une banque et s'installa à Paris. Durant vingt ans, ils vécurent dans l'aisance, contractant de nouveaux prêts afin de régler les échéances du premier. Lorsque les banques tentèrent de s'informer sur la teneur de sa fortune, Thérèse Humbert parla de bons du trésor, mais certains commencèrent à douter. Le quotidien parisien *Le Matin* demanda une enquête et, en 1902, un huissier ordonna l'ouverture du coffre.

Selon les dires, celui-ci contenait une brique et un bouton de culotte. Le couple Humbert s'enfuit à Madrid, où il fut arrêté. Extradés vers la France et jugés, Thérèse Humbert et son époux furent condamnés à cinq ans de travaux forcés. À l'issue de sa peine, la « Grande Thérèse » disparut et on n'entendit plus jamais parler d'elle.

La Grande Thérèse

La saisie du coffre des Humbert, opérée dans leur appartement parisien. Encart : Thérèse Humbert, qui déclara avoir héritée de la fortune d'un riche millionnaire américain.

Au sommet de son art, l'escroc Serge Alexandre Stavisky entreprit de construire un empire financier sur la garantie de bijoux qui se révéleront faux ou volés. En 1898, Stavisky émigra en France depuis la Russie avec son père. Après avoir été successivement chanteur, joueur puis gérant de cabaret, et s'être également livré à divers escroqueries et abus de confiance, il constitua, avec divers appuis, le Crédit municipal de Bayonne. L'établissement émit des bons de caisse pour une valeur de plus de deux cent trente millions de francs, somme dont Stavisky se servit pour financer de nouvelles spéculations. La plupart des bons furent achetés par des compagnies d'assurance, sur le conseil de diverses personnalités, dont le ministre des Colonies Albert Dalimier et le député-maire de Bayonne Dominique-Joseph Garat.

Malgré tout, le soupçon s'établit et les affaires de Stavisky furent examinées par la police en même temps que par plusieurs journalistes. On découvrit que l'escroc devait être jugé pour fraude en 1927 et que sa comparution avait été inexplicablement reportée à dix-neuf reprises. En décembre 1933, il existait suffisamment de preuves pour son arrestation, mais Stavisky se réfugia dans un chalet de Chamonix et s'y donna la mort, dans des circonstances étranges, le 7 janvier 1934.

Certains avancèrent qu'il avait été abattu par la police. Le séisme politique qui s'ensuivit culmina avec la démission du ministre de la Justice et la chute du gouvernement radical-socialiste de Camille Chautemps. Quelques jours plus tard, le 6 février 1934, une manifestation organisée à Paris par les ligues d'extrême droite tourna à l'émeute. Seize personnes trouvèrent la mort et plus de deux mille furent blessées au cours des affrontements.

L'affaire Stavisky

Arlette Stavisky, épouse de l'escroc Serge Alexandre Stavisky, fait la couverture du magazine *Vu* en 1933.

Mme Stavisky, u
parisienne, quitta
ridge quelques j
son mari pour s'In
un appartement

La Seconde Guerre mondiale fut une période faste pour les petits truands londoniens. Les armes à feu se trouvaient en quasi libre circulation, le black-out favorisait les cambriolages, et le rationnement créait de nombreuses opportunités pour les plus malins. La protection contre les raids aériens et l'application des mesures de guerre occupaient presque entièrement les forces de police, et les dégâts causés par les bombardements faisaient du pillage un jeu d'enfant.

Au sortir du conflit, divers produits de première nécessité, de même que bas de nylon et cigarettes, continuèrent à manquer, ce qui favorisa l'émergence d'un marché noir très actif. Ce phénomène frappa l'Europe entière, mais plus particulièrement l'Union soviétique, l'Allemagne, la France, l'Italie, la Belgique, les Pays-Bas et le Royaume-Uni. La plupart des vendeurs clandestins opéraient à une petite échelle, proposant des bas de nylon au coin des rues, des coupons d'essence dans l'arrière-salle d'un café ou des miches de pain stockées à l'arrière d'une camionnette.

Très débrouillards, ils prenaient note des besoins de leurs clients et promettaient d'obtenir peinture, whisky, pneus, tissu ou sucre. Nombre d'entre eux exerçaient cette activité en complément de leurs revenus et avaient l'apparence de citoyens parfaitement respectables. Ils se considéraient comme des bienfaiteurs, capables de palier les insuffisances du marché officiel, et jouissaient généralement de l'estime de leurs voisins.

En Allemagne et en Union soviétique, dévastées par la guerre, nombre de vendeurs clandestins firent fortune sur le dos de la population. Incapables de subvenir à leurs besoins, la plupart des habitants durent céder leurs derniers biens en échange de nourriture ou de médicaments parfois contrefaits. Hommes, femmes et enfants souffrirent beaucoup de cette situation.

Marché noir

Deux vendeurs clandestins comptent leurs profits dans une ruelle de Londres, le 21 septembre 1945.

Le 8 août 1963, sur une voie ferrée du comté anglais de Bedfordshire, plus de deux millions de livres sterling furent soutirés du train postal Glasgow-Londres, dans ce qui reste aujourd'hui l'un des hold-up les plus audacieux de l'histoire du crime. Il fut réalisé par quinze hommes recrutés par l'antiquaire et voleur accompli Bruce Reynolds, dont un expert ferroviaire, un conducteur de train et un électricien. En prévision de son méfait, la bande fit l'acquisition d'une ferme à une quarantaine de kilomètres du lieu prévu pour l'assaut, se procura des combinaisons de cheminots et déroba un camion militaire et deux Land Rover.

Peu après 3 heures du matin, le 8 avril, l'électricien Roger Cordrey activa de faux signaux lumineux afin de stopper le train à la hauteur du Sears Crossing. Incapables de débloquer le frein de la locomotive, les malfaiteurs contraignirent le véritable machiniste, Jack Mills, à mener la motrice et les deux premiers wagons jusqu'au Bridego Bridge, où attendait le reste de la bande. Après avoir attaché et bâillonné les employés des deux wagons postaux, les bandits formèrent une chaîne humaine afin de transporter les sacs dans le camion. En à peine plus de quarante minutes, Reynolds et ses complices avaient mené à bien leur tâche. Ils rejoignirent aussitôt leur base arrière non loin d'Oakley, mais apprirent bientôt, par l'écoute des fréquences radio utilisées par la police, que celle-ci recherchait activement les coupables dans les environs.

L'un des hommes suggéra de brûler le bâtiment afin de faire disparaître toute trace, mais l'idée, trop risquée, fut rejetée. Lorsque la police découvrit finalement leur retraite, les malfaiteurs avaient quitté les lieux, mais leurs empreintes s'étalaient largement sur des bouteilles de bière et un jeu de Monopoly.

Les uns après les autres, les membres de la bande – Roger Cordrey, Charles Wilson, James White, Thomas Wisbey, James Hussey, Robert Welch, Bruce Reynolds, Ronald Edwards, Gordon

L'attaque du train postal

Photo aérienne de la voie ferrée entre Sears Crossing et Bridego Bridge, site de l'un des plus fameux hold-up de l'histoire du crime.

WHERE THE RAIDERS STRUCK
E ROBBED AIL TRAIN
CHEDDINGTON STATION

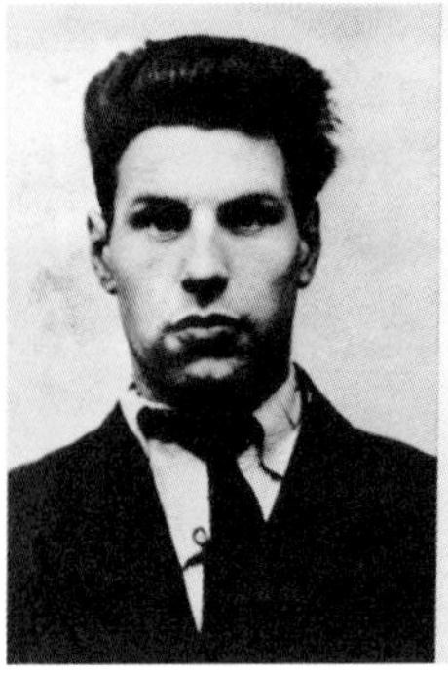

Goody, Brian Field, William Boal, Leonard Field et Ronald Biggs – furent identifiés et arrêtés. Tous furent condamnés à de lourdes peines de prison.

Parmi eux, seul Ronald Biggs devint célèbre. Le 8 juillet 1965, il s'évada de la prison de Wandsworth en escaladant le mur d'enceinte en compagnie de trois complices. Il se réfugia en France, modifia son apparence par la chirurgie esthétique et s'envola pour l'Australie à l'aide d'un faux passeport. Plus tard, il s'installa au Brésil et défia ouvertement les autorités britanniques, dans l'incapacité légale de l'extrader. Après trente-six années de cavale, en proie à des problèmes de santé, Ronald Biggs fit son retour en Grande-Bretagne, le 7 mai 2001, et se rendit à la police. Malgré plusieurs demandes de libération, il demeure aujourd'hui incarcéré.

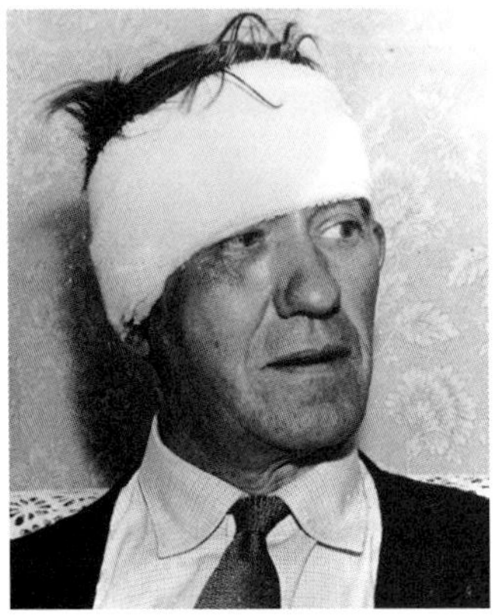

Page opposée en haut (de gauche à droite) : les malfaiteurs James White, Charles Wilson et Bruce Reynolds. Page opposée au milieu (de gauche à droite) : Ronald Biggs, Jack Mills (conducteur du train) quelques jours après l'attaque. Page opposée en bas : trois des suspects arrêtés après l'attaque quittent le tribunal de Linslade le 16 août 1963. Ci-dessus : billets du butin dissimulés dans la caravane de James White. La police y découvrit près de trente-cinq mille livres.

Lorsqu'un cours boursier subit une baisse spectaculaire à la suite d'un délit d'initiés, les petits porteurs sont presque toujours perdants, et l'argent qu'ils possédaient a tout simplement disparu. Lorsque cette baisse atteint 90 %, comme ce fut le cas pour la société américaine Enron Corporation, certains de ces petits porteurs se trouvent quasiment ruinés.

En décembre 2001, la chute vertigineuse de l'action Enron signifia une perte de soixante milliards de dollars pour les investisseurs. Les comptes de la société pour les cinq années précédentes durent être réétablis et Enron déposa finalement le bilan. De même que les Romains de l'Antiquité peu avant la fin de leur empire, nombre des cadres d'Enron étaient trop occupés à jouir de leurs richesses pour sentir le vent du désastre, et la contribution de quelques observateurs plus ou moins bien attentionnés ne fit qu'accélérer leur chute. Bien avant le jugement de l'affaire par un tribunal officiel, le jury populaire condamna sans appel certains des intervenants, en particulier le cabinet d'audit Arthur Andersen. Alors que dossiers et courriers liés à l'affaire étaient détruits à la hâte, un expert expliqua la situation en ces termes : « Le verdict importe peu. La société Arthur Andersen est morte. Depuis que l'inculpation a été signifiée, les clients quittent le navire plus vite que les passagers du Titanic. »

Durant le procès, les principaux manageurs d'Enron firent piètre figure. Kenneth Lay, son président, défendit la thèse selon laquelle la chute d'Enron avait été principalement due à la publication, par le quotidien *The Wall Street Journal*, de plusieurs articles qui provoquèrent des ventes massives d'actions. Il aurait pu blâmer également la journaliste Bethany McLean, qui suggéra, dans un article paru en mars 2001 dans le magazine *Fortune*, que les actions Enron était surévaluées. C'est en partie grâce à sa persistance que les cerveaux d'Enron furent finalement condamnés.

L'affaire Enron

En haut à gauche : le siège d'Enron à Houston, Texas, le 13 avril 1999. En haut à droite : Andrew Fastow, directeur financier.
En bas à gauche : Keneth Lay, président directeur général. En bas à droite : David Duncan, en charge du compte Enron pour le cabinet Arthur Andersen.

1400 Smith Street

Erreurs judiciaires ?

Gerry Conlon se recueille sur la tombe de son père Giuseppe. Gerry passa quinze ans en prison, faussement accusé, comme son père, d'une série d'attentats à la bombe contre plusieurs pubs anglais en 1974. Giuseppe Conlon mourut en prison.

RIP
DANIEL (DAN) HE
McCRORY
CONLON
IN LOVING MEMORY OF
EAR HUSBAND GUISEPPE
DIED 23RD JANUARY 1980
GUISEPPE

Peu d'habitants de Londres pleurèrent la mort de Leon Beron, émigré russe et loueur de taudis à vil prix, après la découverte de son cadavre dans le parc de Clapham Common le 1er janvier 1911. Beron avait été tué d'un violent coup à la tête et ses joues portaient la marque de curieux S, gravés sur la peau à la manière des ouies d'un violon. Son portefeuille avait été vidé de son contenu.

Une semaine plus tard, la police londonienne arrêta, sur de seuls témoignages, un certain Stinie Morrison, autre émigré russe et voleur professionnel. Morrison avait été vu plusieurs fois en compagnie de Beron ; il avait un temps travaillé dans le parc de Clapham Common et avait récemment déposé un revolver et quarante-cinq cartouches à la consigne de la gare de St Mary. En outre, un chauffeur de taxi déclara avoir pris Morrison en charge la nuit du crime et avoir vu ce dernier en possession d'une grosse somme d'argent. Cependant, ce témoin ne se manifesta qu'après la parution du portrait de Morrison dans les quotidiens londoniens et l'offre d'une récompense pour sa capture.

Morrison aggrava son cas en prétendant qu'il assistait à un spectacle de music-hall le soir du crime. Lors du procès, son avocat tenta de démontrer que Beron était un informateur et que le S renvoyait au mot polonais signifiant espion. À cette époque, plusieurs gangs d'anarchistes originaires des pays de l'Est sévissaient à Londres. En dépit des incertitudes, Morrison fut déclaré coupable et condamné à mort. En rendant la sentence, le juge déclara : « Que Dieu ait pitié de votre âme », à quoi Morrison répondit : « Je ne veux pas de votre pitié. Je ne crois pas en Dieu. » Pris de doutes sur la culpabilité de Morrison, Winston Churchill, alors ministre de l'Intérieur, intervint. Il commua la peine en prison à vie, mais Morrison persista à réclamer la mort. Le 24 janvier 1924, affaibli par plusieurs grèves de la faim, il périt à la prison de Parkhurst.

Stinie Morrison

Effigie en cire de Stinie Morrison dans la Chambre des horreurs du Madame Tussaud's Wax Museum, à Londres.

THE ORIGINA
TREADM
YORK
STINIE MORRISON

En 1912, l'écrivain anglais Arthur Conan Doyle, créateur du héros Sherlock Holmes, publia un pamphlet intitulé *The Case of Oscar Slater*, demandant la réouverture de l'enquête sur un meurtre perpétré dans un appartement de Glasgow quelque trois années auparavant.

Le 21 décembre 1908, Marion Gilchrist, âgée de quatre-vingt-deux ans, avait été battue à mort et dépouillée d'une petite broche en diamants. Malgré plusieurs témoignages discordants sur l'apparence et l'âge d'un homme aperçu sur les lieux, la police avait décidé d'inculper un juif allemand nommé Oscar Slater, connu pour son goût du jeu. Quatre jours avant le crime, Slater avait tenté de vendre un récépissé de mise en gage pour une broche en diamants, puis s'était embarqué pour les États-Unis avec sa compagne sur le paquebot *Lusitania*. Slater fut extradé et jugé par la haute cour d'Édimbourg le 3 mai 1909.

Son procès fut une parodie de justice. Il fut prouvé que le récépissé concernait une broche mise en gage un mois avant le meurtre, et que Slater avait réservé ses billets pour la traversée plus de six semaines avant la date fatale. Malgré tout, Slater fut déclaré coupable et condamné à la pendaison. En peu de temps, une pétition demandant sa libération recueillit vingt mille signatures et, deux jours avant son exécution, sa sentence fut commuée en prison à vie.

C'est alors que Conan Doyle se mit au travail. Il découvrit, entre autres choses, que plusieurs témoignages à charge avaient été achetés, que Slater disposait d'un alibi solide et que la victime n'avait pas été tuée avec le marteau produit par la police mais avec une chaise. Il fallut pourtant quinze années et un autre ouvrage – *The Truth about Oscar Slater*, écrit par le journaliste William Park – pour que Slater soit enfin libéré et pardonné. Il ne reçu aucune compensation pour son incarcération.

Oscar Slater

Oscar Slater quitte la cour du palais de Westminster peu après sa libération, le 2 août 1928. Il passa dix-neuf années en prison pour un crime qu'il n'avait pas commis.

Margaretha Geertruida Zelle naquit aux Pays-Bas en 1876. À dix-neuf ans, elle épousa un capitaine de vaisseau hollandais et partit pour l'île de Java, alors territoire des Indes néerlandaises. Elle y vécut près de cinq ans, goûtant la culture locale et s'essayant avec un certain succès aux danses traditionnelles javanaises. En 1903, de retour en Europe, divorcée et adulée par les hommes, elle s'installa à Paris. Elle y prit le nom de Mata Hari (« œil du jour », en malais) et entreprit de gagner sa vie par la danse et la fréquentation de personnages de la haute société – elle n'était pas d'une beauté classique, mais ses charmes ne laissaient aucun homme indifférent.

Durant la Première Guerre mondiale, en tant que citoyenne d'un pays non engagé dans le conflit, Mata Hari put voyager presque librement entre la France, l'Allemagne, l'Espagne et la Russie. En proie à des difficultés financières, elle accepta de renseigner les forces allemandes – contre le versement de vingt-cinq mille couronnes néerlandaises et l'apurement de ses dettes – puis offrit ses services aux autorités françaises pour l'amour d'un lieutenant. En 1916, un câble envoyé à Berlin par l'attaché militaire allemand à Madrid fut intercepté et déchiffré par les renseignements alliés. Il mentionnait les bons services de l'agent H-21, que Paris ne tarda pas à identifier comme étant la troublante danseuse.

De retour à Paris, Mata Hari fut arrêtée à l'hôtel Élysée Palace le 13 février 1917 et rapidement inculpée pour espionnage et intelligence avec l'ennemi. Après un procès à huis clos mené en l'absence de toute équité, elle fut condamnée à être fusillée. La sentence fut exécutée le 15 octobre 1917 au petit matin, dans les fossés du château de Vincennes.

Il se dit que l'espionne refusa qu'on lui bande les yeux et qu'avant de tomber sous les balles elle envoya des baisers aux soldats qui la mettaient en joue.

Mata Hari

Mata Hari, en, 1917, le jour de son arrestation pour espionnage.

Il y eut, entre 1884 et 1930, près de quatre mille faits de lynchages enregistrés aux États-Unis, soit environ quatre-vingts par an, mais ce nombre est sans doute largement sous-évalué. Les victimes étaient presque toutes afro-américaines, les agresseurs presque tous blancs. La lutte pour mettre fin à ces pratiques barbares fut longue et acharnée. En 1892, Ida Wells Bernett, rédactrice en chef afro-américaine du quotidien *The Menphis Free Speech and Headlight*, rapporta qu'en l'espace d'une seule année près de cent vingt noirs avaient été victimes de lynchages dans la région de Menphis, la plupart arrachés à leurs occupations en plein jour et pendus pour des faits tels que vol à l'étalage ou ivresse publique. En réponse à son article, une foule de citoyens blancs en colère incendia les locaux du journal.

Nombre d'Américains modérés espéraient que l'élection à la présidence de Franklin Roosevelt en 1933 serait décisive. En 1935, un projet de loi punissant le lynchage fut soumis au Congrès, mais Roosevelt refusa de l'approuver, arguant qu'il perdrait le soutien des électeurs blancs du sud des États-Unis. Cette même année, l'opinion publique fut outrée par le lynchage d'un jeune Afro-Américain nommé Rubin Stacy. Stacy était escorté par six policiers vers une prison de Miami lorsqu'il fut saisi par une foule en colère, emmené sur les lieux de son crime présumé et pendu sans autre forme de procès. Plus tard, une enquête révéla que la seule faute de Stacy avait été de demander un peu de nourriture à la porte d'une maison.

En 1946, le chanteur américain Paul Robeson interpella publiquement le président Harry Truman sur la question du lynchage lors d'un congrès des droits de l'homme organisé à New York mais, à l'image de Roosevelt, Harold Truman ne fit rien pour stopper cette sauvagerie.

Lynchages

Le lynchage des Afro-Américains Tom Shipp, 18 ans, et Abe Smith, 19 ans, le 7 août 1930 à Marion, Indiana. Aucun des participants ne fut inquiété.

Le soir de l'incendie du Reichstag, le 27 février 1933, la prestigieuse entreprise chimique allemande I.G. Farben tenait un congrès à l'hôtel Adlon de Berlin. Au spectacle des flammes s'élevant dans le ciel de la ville, l'industriel Carl Duisberg se tourna vers l'un de ses collègues et lui dit : « Ce brasier est le phare qui va mener l'Allemagne dans les bras des communistes ! » Il se trompait. De fait, les nazis avaient provoqué eux-mêmes l'incendie afin d'en faire porter la responsabilité à leurs opposants politiques. Dès le lendemain, alors que les décombres fumaient encore, ils firent arrêter les principaux dirigeants communistes du pays. Le 1er mars, le parti communiste allemand fut déclaré illégal.

Aux premiers jours de 1933, le Parti national-socialiste se trouvait aux portes du pouvoir. Après avoir été nommé au poste de chancelier le 30 janvier, Hitler avait obtenu du président Paul von Hindenburg la dissolution du Parlement et l'organisation d'élections anticipées. Un zeste de terreur dans la vie politique devait donc suffire à faire pencher la balance en sa faveur. Pour brouiller les pistes, les nazis parvinrent à compromettre un jeune communiste hollandais nommé Marinus van der Lubbe et à lui imputer la responsabilité entière du crime. Van der Lubbe était connu pour sa fragilité mentale et sa propension à s'attribuer des actions dont il n'était pas l'auteur. Son opposition déclarée au parti national-socialiste faisait en outre de lui un coupable idéal.

Il fut arrêté et condamné à mort après un procès à charge expéditif, au cours duquel quatre présumés complices furent acquittés. Le 10 janvier 1934, trois jours avant son vingt-cinquième anniversaire, Marinus van der Lubbe fut guillotiné. Sa dépouille fut ensuite placée dans une tombe anonyme à Leipzig. À cette date, les nazis occupaient déjà le pouvoir depuis près d'un an.

L'incendie du Reichstag

Le Reichstag en flammes dans la nuit du 27 au 28 février 1933. De nombreux autres incendies allaient se déclarer durant les années suivantes.

DEUTSCHEN VOLKE

Le crime était particulièrement horrible, mais c'est à la sentence à laquelle il a donné lieu qu'il doit d'être demeuré célèbre. Le 14 août 1936, le jeune Afro-Américain Rainey Bethea fut pendu devant une foule de plus de quinze mille personnes à Owensboro, Kentucky, dans ce qui fut la dernière exécution publique aux États-Unis. Bethea était arrivé à Owensboro trois ans auparavant et y avait déjà eu des démêlés avec la justice.

En avril 1935, il avait été condamné à la prison pour le vol de deux sacs à main dans un institut de beauté. Sitôt relâché, il avait été de nouveau arrêté pour ivresse publique et condamné à une amende de cent dollars. Incapable de payer cette dette (son salaire s'élevait à sept dollars par semaine), Bethea avait passé trois nouveaux mois en prison. Le 7 avril 1936, pris de boisson une fois de plus, il s'introduisit par une fenêtre ouverte au domicile d'une habitante d'Owensboro nommée Lischia Edwards. Découvert par celle-ci, il l'étrangla, la viola et lui déroba ses bijoux, qu'il dissimula dans une grange située non loin de là.

Sur les lieux du crime, le médecin légiste découvrit un anneau appartenant au meurtrier. Une semaine plus tard, Bethea fut arrêté alors qu'il se préparait à quitter la ville, et la police eut toutes les peines du monde à éviter son lynchage par une foule en colère. Bethea fit des aveux complets, mais se déclara incapable de préciser si sa victime vivait encore au moment du viol. Ce détail avait une grande importance, car l'assaut sexuel d'un cadavre n'était pas considéré comme un délit dans le Kentucky en 1936. La nature du crime posait également un problème à l'accusation : le fait de meurtre crapuleux était puni de la chaise électrique, mais celui de viol devait être puni de pendaison. Finalement, Bethea fut jugé pour viol, et il fallut moins de cinq minutes au jury pour le déclarer coupable à l'unanimité.

Dernière exécution publique américaine

L'exécution publique de Rainey Bethea le 14 août 1936. La corde est passée au cou du condamné.

La peine de mort est un moyen radical d'appliquer la justice, à plus forte raison de commettre une erreur judiciaire. Lorsqu'elle est permise par la société, il est des situations où l'urgence vouée à l'application de la peine capitale semble défier à la fois la logique et l'examen le plus élémentaire des éléments à charge. C'est exactement ce qu'il advint lors du sinistre fait divers du 10 Rillington Place, à Londres.

À la fin des années 1940, la capitale anglaise était une ville grise et polluée où sévissait encore le rationnement. Le rez-de-chaussée d'une sordide habitation au 10 Rillington Place était occupée par John et Ethel Christie, et au second et dernier étage, par Timothy Evans, son épouse Beryl et leur fille Geraldine, âgée d'un an. En 1949, Beryl Evans tomba enceinte et, soucieuse de ne pas perdre son emploi, se mit en quête d'un moyen d'avorter. Mis au courant, John Christie lui proposa d'effectuer lui-même l'opération. Le 8 novembre, Christie accueillit Evans au retour de son travail avec la nouvelle que sa femme était décédée des suites de l'opération et que sa fille avait été confiée à la garde d'un couple de ses amis. Il conseilla également à Evans de quitter Londres

Evans s'exécuta mais, pris de remords, il se rendit à la police trois semaines plus tard. De façon maladroite, il modifia plusieurs fois sa confession, arguant d'abord d'une tentative d'avortement, impliquant ensuite Christie, puis s'accusant finalement des crimes commis. Sur les lieux, la police découvrit les corps de Beryl et Geraldine dans une arrière-cour.

Evans fut très mal défendu durant le procès, au cours duquel de nombreux éléments furent ignorés. Déclaré coupable du meurtre de sa fille Geraldine, il fut pendu le 9 mars 1950 à la prison de Pentonville. Deux années plus tard, de nouveaux faits relancèrent l'affaire.

10 Rillington Place

L'arrière-cour de la sinistre maison du 10 Rillington Place, où John Christie tua et dissimula ses victimes, avril 1953.

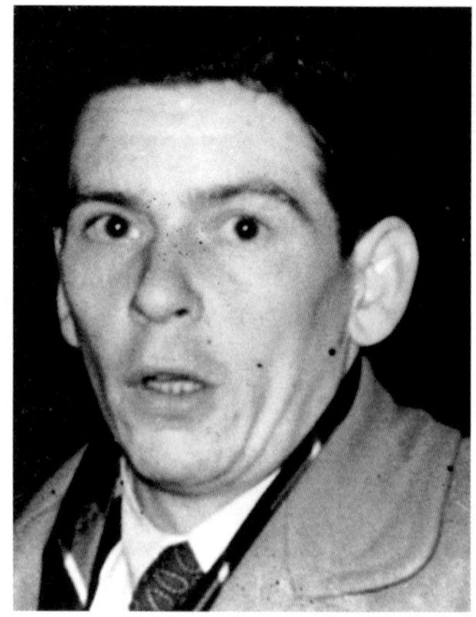

La propre épouse de Christie disparut en même temps que trois prostituées du quartier, puis Christie lui-même quitta son appartement. Le nouveau locataire du second étage obtint la permission d'utiliser le rez-de-chaussée et entreprit bientôt de nettoyer les lieux. En décollant le papier peint de la cuisine, il mis au jour une alcôve et y trouva un cadavre de femme.

Revenue sur les lieux, la police découvrit les corps d'Ethel et des trois prostituées, ainsi que ceux de deux autres femmes assassinées durant la guerre. Christie fut arrêté dix jours plus tard et pendu le 15 juillet 1953. En 1966, Timothy Evans reçut un pardon posthume. Il aurait eu alors quarante-six ans.

En haut à gauche : l'alcôve secrète à l'intérieur de laquelle furent découverts cinq cadavres. En haut à droite : Timothy Evans, faussement accusé du meurtre de sa propre fille. Ci-contre : John Christie. Page opposée : Christie arrive au tribunal du Old Bailey pour y répondre de ses assassinats.

Le 2 novembre 1952, Christopher Craig et Derek Bentley s'introduisirent par effraction dans un entrepôt du quartier de Croydon, dans le sud de Londres. Craig était armé d'un couteau et d'un revolver, sans doute à l'insu de Bentley, dont l'âge mental avoisinait celui d'un enfant de douze ans. Prévenue, la police arriva sur les lieux et se saisit de Bentley. Craig sortit alors son arme et apparemment encouragé de la voix par son complice, il tua un policier et en blessa un autre. À cours de munitions, il tenta de s'échapper en sautant du toit de l'édifice et se fractura la colonne vertébrale, ce qui permit son arrestation.

Le crime lui-même semblait plutôt banal, mais le jugement prononcé souleva l'opinion. Au moment des faits, Craig était mineur, de sorte qu'il ne pouvait encourir la peine capitale. Il fut condamné à une peine d'emprisonnement, puis relâché en 1962. Pour sa part, Bentley était majeur et risquait la mort. Plusieurs lignes de défenses semblaient s'imposer : il était mentalement attardé, n'avait pas tiré les coups de feu et n'avait eu aucun moyen de savoir que son complice était armé. Aucun de ces arguments ne fut accepté par la cour. Après une délibération de soixante-quinze minutes, le jury déclara les deux hommes coupables de meurtre et Bentley fut condamné à mort par le juge Rayner Goddard, alors réputé pour son intolérance et son goût pour la peine capitale.

L'appel de Bentley fut rejeté et le ministre de l'Intérieur refusa même de plaider sa grâce auprès de la reine. Le 28 janvier 1953, Derek Bentley fut pendu à la prison de Wandsworth. Durant quarante ans, sa sœur mena bataille pour obtenir la révision du procès. Elle obtint gain de cause en 1993, lorsque le juge Thomas Bingham annula le jugement, déclarant que Bentley avait été privé de l'équité due à tout citoyen britannique. Le mystère demeure sur ce que Bentley cria à son complice : lui conseilla-t-il de tirer ou de lâcher son arme ? Nul ne le sait.

Bentley et Craig

L'avis d'exécution de Derek Bentley (en encart) est affiché à l'extérieur de la prison de Wandsworth, le 28 janvier 1953. Le verre brisé est l'œuvre d'opposants à la peine de mort.

DECLARATION OF SHERIFF

Le 4 avril 1962, un voleur de voiture anglais nommé James Hanratty fut exécuté à la prison de Bedford à la suite d'une enquête peu convaincante et d'un procès mené avec une rare férocité. Aujourd'hui, plus de quarante ans après les faits, certains restent fermement convaincus de son innocence, et il existe toujours des zones d'ombre. Un autre suspect finit par admettre sa culpabilité alors qu'Hanratty lui-même clama jusqu'à la fin son innocence. En outre, Hanratty possédait un alibi confirmé par plusieurs témoins. Hélas, il tenta d'un produire un deuxième, ce qui convainquit le jury qu'il mentait. En 2002, un prélèvement d'ADN effectué sur la dépouille d'Hanratty sembla confirmer son implication dans le meurtre, mais la défense argua que les pièces examinées avaient été contaminées durant le procès.

Quoi qu'il en soit, les faits eux-mêmes ne prêtent pas à discussion. Le 22 août 1961, au nord de Londres, un homme armé d'un pistolet s'introduisit de force dans une voiture stationnée en bordure d'un champ de maïs et occupée par les amants Michael Gregsten et Valerie Storie. Après cinq heures d'errance, l'homme contraignit finalement le conducteur à stopper la voiture sur une aire de repos de la route nationale A6. Là, il abattit Gregsten, peut-être de façon accidentelle, puis viola Storie. Il ordonna ensuite à la jeune femme de tirer le corps de son amant hors de la voiture, puis vida le chargeur de son arme dans sa direction avant de prendre la fuite, la laissant paralysée à vie. Cinq heures plus tard, Storie fut découverte inanimée par un agriculteur.

Le 11 octobre 1962, Hanratty fut arrêté à Blackpool et inculpé pour le meurtre de Michael Gregsten. Durant le procès, instruit à Bedford, certaines pièces disparurent et d'importants papiers furent répandus par mégarde sur le sol du tribunal. Encore sous le choc, Valerie Storie avait livré plusieurs descriptions différentes de son agresseur, et aucun mobile plausible ne fut établi pour lier Hanratty au crime. Après neuf heures de délibération le jury le déclara coupable et il fut condamné à la pendaison.

Le meurtre de l'A6

L'aire de repos de la route nationale A6, où fut abattu Michael Gregsten le 22 août 1961.

A6 TO BEDFORD
MAN AND GIRL DUMPED HERE
POLICE CARS IN LAY-BY
TO LUTON
ENTRANCE TO LAY-BY

Au premier abord, les trois victimes – James Chaney, vingt et un ans, Afro-Américain du Mississippi, et ses deux compagnons Andrew Goodman, vingt ans, et Michael Schwerner, vingt-quatre ans, juifs new-yorkais – l'un étudiant en anthropologie, l'autre travailleur social –, n'avaient pas grand-chose en commun, à part leur jeune âge. Leurs corps furent découverts enfouis au pied d'une levée de terre d'une ferme du comté de Neshoba, Mississippi, le 4 août 1964. Ils avaient été tués par balle, et l'état des dépouilles indiquait que les meurtres avaient été commis plusieurs semaines auparavant. Les trois hommes étaient d'ardents défenseurs des droits civiques, et deux d'entre eux avaient récemment séjourné dans le Mississippi afin d'inciter les habitants noirs de l'État à s'inscrire sur les listes électorales.

Le 21 juin 1964, ayant appris qu'une des églises noires choisies pour leurs réunions avait été incendiée par le Ku Klux Klan, les trois hommes se rendirent sur les lieux afin d'aider les membres de la communauté. Sur le chemin du retour, ils furent arrêtés par le shérif Cecil Price sous prétexte d'une infraction mineure, puis relâchés à la tombée de la nuit, alors que des membres du Ku Klux Klan avaient préparé une embuscade. Le 22 juin à 2 h du matin, Edgar Ray Killen, responsable local du KKK et pasteur occasionnel, téléphona à Buford Posey, membre local du NAACP (association nationale pour l'avancement du peuple noir) pour lui confier le message suivant : « Ce soir, on s'est occupé de tes trois copains, et tu es le prochain sur la liste. »

Appelé à mener l'enquête, le FBI obtint le témoignage de James Jordan, membre du KKK, mais convaincu qu'aucun jury du Mississippi n'accepterait de juger les coupables pour meurtre, il établit un délit de « destitution des droits civiques ». Le 21 octobre 1967, James Jordan et Cecil Price furent condamnés à respectivement quatre et six ans de prison. Killen fut acquitté,

Mississippi Burning

Trois membres du Mississippi Freedom Democratic Party brandissent les portraits des victimes : (de gauche à droite) Andrew Goodman, James Chaney et Michael Schwerner.

Which
Side
are
SNCC
+
CORE
FOR
MFDP
ONE
Make
War
On
Prejudice
And
Poverty
SEAT
F.D.P.
Deserves
your

car l'un des membres du jury déclara qu'il lui était impossible de condamner un pasteur.

Trente-huit ans plus tard, à la suite de nouveaux éléments, l'affaire fut rejugée. Le 23 juin 2005, Killen, alors âgé de quatre-vingts ans, fut condamné à soixante années de prison pour les trois meurtres. Durant le procès, il n'exprima aucun remord, qualifiant les victimes de communistes mettant en danger les valeurs morales du Mississippi.

Page opposée en haut : la carcasse calcinée de la voiture dans laquelle Chaney, Goodman et Schwerner furent aperçus vivants pour la dernière fois.
Page opposée en bas : Edgar Ray Killen, ancien membre du Ku Klux Klan, lors de son procès en juin 2005. Ci-dessus : les enquêteurs mettent au jour les corps des victimes, le 4 août 1963.

Les cinquante premières années de la vie du Danois Claus von Bülow se déroulèrent sans la moindre anicroche. Il connut une enfance privilégiée au Danemark puis en Suisse, fut diplômé du Trinity College, à Cambridge, s'installa à Londres pour y exercer le droit, puis traversa l'Atlantique pour devenir le secrétaire particulier de l'industriel américain Jean Paul Getty. En 1966, son mariage avec Martha « Sunny » Crawford, ex-épouse du prince Alfred von Auersperg, permit la réunion heureuse de deux grandes fortunes. L'avenir semblait donc radieux pour le couple établi sur l'opulent domaine de Clarendon Court, à Newport, dans le Rhode Island.

Pourtant, Sunny se mit bientôt à souffrir de diabète et de dépression. Le 21 décembre 1980, son état empira et elle glissa dans un coma profond. Les policiers chargés de l'enquête portèrent leurs soupçons sur Claus, qui fut bientôt arrêté. En 1982, Claus von Bülow fut jugé pour tentative de meurtre sur son épouse Sunny par administration d'une surdose d'insuline, déclaré coupable, et condamné à trente ans de prison. Le mobile avancé fut qu'il souhaitait refaire sa vie avec sa maîtresse, l'actrice américaine Alexandra Isles.

Claus von Bülow fit appel et engagea pour sa défense Alan Dershowitz, professeur de droit à l'université de Harvard. Dershowitz parvint à semer le doute sur la validité des éléments considérés durant le procès, au point que le jugement fut annulé en 1984. En 1985, à l'issue d'un second procès, von Bülow fut déclaré innocent.

Pourtant, certains membres de la famille de Sunny von Bülow exprimèrent leurs doutes. Pour avoir soutenu l'innocence de son père, Cosima von Bülow fut déshéritée par sa grand-mère maternelle. Peu après, les deux premiers enfants de Sunny réclamèrent en justice la somme de cinquante-six millions de dollars à leur beau-père. Finalement, Claus von Bülow accepta de renoncer à la fortune de son épouse en échange du rétablissement des droits de sa fille.

Claus von Bülow

Le millionnaire Claus von Bülow en octobre 1985,
peu après son second procès.

L'affaire se déroula à la manière d'un feuilleton, et durant plusieurs mois elle tint en haleine la plupart des téléspectateurs américains. Les images des corps tachés de sang, celles de Simpson en fugitif poursuivi sur une autoroute urbaine par des dizaines de voitures de police, et celles du spectaculaire procès qui conclut l'affaire resteront à jamais gravées dans les mémoires. Bien avant le début de l'instruction, des millions d'Américains avaient décidé du verdict. Pour certains, il était impossible que le premier joueur de football américain à dépasser deux mille « rushing yards » au cours d'une seule saison puisse commettre un meurtre. Pour d'autres, O.J., l'athlète afro-américain, était coupable et devait être condamné. Ces choix avaient peu à voir avec la logique, mais ils révélèrent les divisions raciales qui marquaient encore les États-Unis.

Le 12 juin 1994, Nicole Brown Simpson, ex-épouse d'O.J. Simpson, et son ami Ronald Goldman avaient été sauvagement assassinés à coups de couteau dans le jardin de la résidence de Nicole Brown à Brendwood, Californie. Le jour suivant, Simpson quitta Chicago pour Los Angeles, où il fut interrogé par la police criminelle de la ville. Le 17 juin, jour des obsèques des victimes, O.J. Simpson sembla tenter de fuir à bord d'un Ford Bronco blanc conduit par l'un de ses amis. Il fut poursuivi, appréhendé et incarcéré. Le 22 juillet, Simpson plaida « non coupable à 100 % » face aux deux inculpations pour homicide lancées contre lui.

Son procès s'ouvrit six mois plus tard, le 24 janvier 1995, devant le juge Lance Allan Ito et un jury composé de douze membres, dont huit Afro-Américains et un Hispano-Américain. Pendant plusieurs mois, et toujours devant des caméras de télévision, le procureur Marcia Clark s'opposa à l'avocat de la défense Johnnie Cochran en un drame digne d'Hollywood qui battit tous les records d'audience. Clark avait annoncé qu'elle renoncerait à demander la peine de mort si Simpson était jugé coupable.

O.J. Simpson

Photo d'O.J. Simpson prise par la police de Los Angeles.

BK4013970 061794
LOS ANGELES POLICE: JAIL DIV

Le moment le plus spectaculaire du procès survint le 15 mai, lorsqu'il fut demandé à Simpson d'essayer des gants tachés de sang, de marque Aris, que la police avait trouvés, pour l'un, à proximité des lieux du crime, pour l'autre, à son domicile. L'ancien joueur de football américain peina à les enfiler et l'avocat Johnnie Cochran s'empressa de commenter : « Je ne pense pas qu'il puisse mentir sur la taille de ses mains. Il faudrait vraiment qu'il soit un grand acteur pour faire ses mains plus grandes qu'elles ne sont. »

Après plus de deux cent cinquante jours d'argumentation, le jury rendit son verdict, scruté par plus de la moitié des Américains. Simpson fut déclaré non coupable. Depuis lors, sa vie a quelque peu changé. En 1997, un jury civil a déclaré Simpson responsable de la mort de Ronald Goldman et l'a condamné à verser trente-trois millions de dollars à la famille de la victime. Ses amis se sont éloignés et sa carrière cinématographique a été stoppée nette. Mais peut-être avait-il trouvé son meilleur rôle lors de son procès.

Page opposée en haut : le Ford Bronco poursuivi par la police sur une autoroute de Los Angeles le 17 juin 1994. Page opposée en bas : photo présentée durant le procès, montrant Nicole Brown après qu'elle a appelé du secours pour violence domestique en janvier 1989. En haut : O.J. Simpson enfile les gants Aris, qui semblent trop petits, le 21 juin 1995. Ci-contre : l'allée tachée de sang de la résidence de Nicole Brown Simpson, le 14 juin 1994.

Page opposée : les supporteurs d'O.J. Simpson fêtent son acquittement, le 2 octobre 1995.
Ci-dessus : O.J. Simpson et ses avocats F. Lee Bailey (à gauche) et Johnnie Cochran (à droite) réagissent après l'énoncé du verdict.

Mafieux et monstres

Près de cent membres de la mafia sicilienne, accusés de divers méfaits, sont rassemblés dans une cage au tribunal de Catanzaro, en Calabre, le 1er novembre 1967.

Au cours du XXe siècle, considéré comme l'un des plus coûteux en vies humaines de l'histoire de l'humanité, un seul homme s'est construit, par la violence, une réputation unique. Soixante ans après sa mort, l'Américain Alphonse Capone, né à Brooklyn, New York, le 17 janvier 1899, demeure l'un des gangsters les plus célèbres de tous les temps. Capone était doué d'une force physique peu commune, d'une intelligence au-dessus de la moyenne et d'une absence totale de scrupules. Au plus fort de son règne, il contrôlait un grand nombre des maisons de jeu, champs de course, maisons closes, discothèques, distilleries et brasseries de Chicago et possédait des intérêts dans diverses activités légales.

À Brooklyn, Capone se distingua au sein de deux gangs d'adolescents avant d'accepter un travail de barman et videur au Harvard Inn, restaurant géré par Frankie Yale. C'est dans cet établissement qu'il eut le visage lacéré par un malfrat nommé Frank Galluccio, ce qui lui valut son surnom de Scarface. Capone, pour sa part, ne resta pas inactif et, en 1919, il fut envoyé à Chicago afin d'échapper aux représailles d'un gang rival.

Le Chicago des années 1920 se révéla, pour Capone, un terrain de jeu idéal. Sur l'avis de Yale, Capone rejoignit le gang de Giovanni « Johnny » Torrio, puis il en prit la tête lorsque Torrio, gravement blessé à la suite d'un règlement de comptes, décida de se retirer des affaires. À la fin des années 1920, les revenus de Capone étaient estimés à cent millions de dollars par an, exemptés d'impôts. En ces temps de prohibition, le trafic d'alcool de contrebande était l'une des activités les plus profitables, et nombre de gangs s'en disputaient le contrôle. Pourtant, les choses n'allaient pas tarder à se gâter. Bien que notoirement corrompu, le maire de Chicago, William « Big Bill » Hale Thomson, refusa soudain les offrandes de Capone, arguant qu'une telle

Al Capone

Alphonse « Scarface » Capone fait la une du magazine américain *Time* le 24 mars 1930.

TIME

The Weekly Newsmagazine

Volume XV

ALPHONSE ("SCARFACE") CAPONE

A pink apron, a pan of spaghetti.

(See NATIONAL AFFAIRS)

Number 12

fréquentation était mauvaise pour son image, et il entreprit de chasser le gangster de la ville. Capone fit alors l'acquisition d'une résidence à Palm Island, en Floride, mais continua de mener ses affaires à Chicago.

Son fait d'arme le plus connu, le massacre de la Saint-Valentin, eut lieu le 14 février 1929, lorsque Jack McGurn, principal homme de main de Capone, et quatre autres tueurs pénétrèrent dans un garage de Chicago et y abattirent sept hommes du gang de George « Bugs » Moran. Deux des tueurs étaient déguisés en policiers et Moran, croyant à une descente de police, réussit à s'éclipser avant la fusillade. Les soupçons se portèrent aussitôt sur Al Capone, mais celui-ci prenait alors le soleil en Floride à plusieurs milliers de kilomètres de là, ce qui constituait un solide alibi.

De fait, Capone fut rarement inquiété durant sa carrière. En 1926, il avait été arrêté pour le meurtre de trois hommes, puis relâché après une seule nuit derrière les barreaux. Trois mois après le massacre de la Saint-Valentin, il fut brièvement emprisonné pour port d'arme illégal. En 1931, la chance de Capone finit par tourner, et le gangster fut arrêté et inculpé pour fraude fiscale. Croyant obtenir une remise de peine, Capone plaida coupable, mais le juge James Herbert Wilkerson lui refusa toute mansuétude. Capone s'efforça alors d'acheter le jury, ce qui se révéla inutile, puisque celui-ci fut changé par le juge quelques jours avant les débats. Capone fut déclaré coupable de cinq des vingt-trois chefs d'accusation retenus contre lui et condamné à onze ans de détention.

Page opposée en haut : George « Bugs » Moran, chef du North Side Gang à Chicago, 1928. Page opposée en bas : Jack McGurn et son épouse Louise Rolf, le 15 février 1936. Ci-dessus : plusieurs membres du gang de Moran gisent sur le sol d'un garage de Chicago le 14 février 1929. Ci-contre : arme utilisée par Al Capone, en une des rares occasions où il participa à l'action.

En prison, Capone adopta un comportement exemplaire. Il meubla sa cellule d'épais tapis et se procura une machine à écrire et une édition complète de l'*Encyclopedia Britannica*. Le gangster servit l'essentiel de sa peine à la prison d'Alcatraz, en Californie, où il fut diagnostiqué comme souffrant de démence syphilitique.

Il fut libéré en novembre 1939 et s'installa en Floride, très affaibli par sa maladie. Le 21 janvier 1947, Capone fut victime d'une apoplexie, puis contracta une pneumonie et mourut d'un arrêt cardiaque quatre jours plus tard. Sa dépouille fut d'abord enterrée dans le quartier de South Side à Chicago, au cœur de son ex-empire, puis déplacée un an plus tard au Mount Carmel Cemetery, dans le quartier de West Side. Pour beaucoup, il restera à jamais le plus fameux gangster de tous les temps.

Page opposée à gauche : l'agent fédéral Eliot Ness, chef des Incorruptibles, au début des années 1930. Page opposée à droite : Al Capone joue aux cartes dans le train qui le conduit en prison, octobre 1931. Ci-contre : la tombe d'Al Capone au Mount Carmel Cemetery, juin 1948.

Dès l'âge de quatorze ans, Arthur Flegenheimer avait compris qu'il ne deviendrait jamais riche de façon honnête. Trois ans plus tard, il reçut sa seule et unique peine de prison, qu'il purgea au pénitencier new-yorkais de Blackwell's Island. Après sa libération, il prit le pseudonyme de Dutch Schultz.

Schultz était un vrai dur à cuire. Il ne connaissait pas le sens du mot compromis et n'avait aucun talent pour la négociation. Se battre ou fuir étaient ses deux seules options. Schultz fit fortune dans le trafic d'alcool de contrebande et l'extorsion de fonds, amassant, au faîte de sa gloire, entre douze et quinze millions de dollars par an. Il délaissait les costumes flamboyants appréciés par les gangsters de l'époque, au point que Lucky Luciano disait de lui qu'il s'habillait comme un éleveur de porcs.

Au début de sa carrière, Schultz fit kidnapper un propriétaire de bar clandestin nommé Joe Rock qui refusait de se fournir en alcool auprès du gang. Les hommes de Schultz suspendirent Rock par les pouces à l'aide de crochets de boucher et lui bandèrent les yeux au moyen d'un linge souillé de résidus blennorragiques. Quelque temps après ce terrible épisode, Rock perdit la vue. Quelques années plus tard, Schultz apprit que son associé Jules Martin détournait de l'argent. Il donna rendez-vous à Martin et, sous les yeux de son avocat, l'abattit d'un coup de revolver dans la bouche.

Vers la fin de sa vie, Schultz n'avait aucun ami et ne faisait confiance à personne. Il était recherché par les autorités en même temps que par les principaux gangsters de New York. Les gangsters eurent le dernier mot. Le 23 octobre 1935, deux tueurs à gage entrèrent au Palace Chop House, à Newark, New Jersey. Ils arrosèrent de balles trois complices de Schultz installés dans l'arrière-salle et abattirent celui-ci dans les toilettes. Dutch Schultz périt douze heures plus tard des suites de ses blessures, et on ne dénombra que quatre couronnes mortuaires à ses funérailles.

Dutch Schultz

Arthur Flegenheimer, alias Dutch Schultz, attend le verdict de son procès pour fraude fiscale. Cette fois, il s'en tirera sans dommage.

Francesco Castiglia était âgé de quatre ans lorsqu'il quitta la Calabre pour les États-Unis en 1895. Il fit ses premiers pas dans le monde du crime dans le quartier de East Harlem, à New York, dès sa prime adolescence. Plus tard, sous le pseudonyme de Frank Costello, il s'associa à Salvatore Luciana, alias Charlie « Lucky » Luciano. Durant la prohibition, les deux hommes prospérèrent grâce au trafic d'alcool de contrebande, et Costello gagna rapidement la réputation d'un gangster capable d'acheter policiers, juges et hommes politiques. En 1936, Luciano fut emprisonné et Costello prit les rênes de l'organisation. Il parvint à en accroître les gains par l'exploitation de machines à sous à la Nouvelle-Orléans, le contrôle de cercles de jeu en Floride et l'instauration de paris truqués à Los Angeles.

L'intense rivalité qui opposait Costello à Vito Genovese, autre lieutenant de Luciano, tourna court lorsque ce dernier décida, en 1937, de regagner l'Italie afin d'échapper à la prison. En 1946, Genovese revint à New York et entreprit de se remettre aux affaires. Il confia à Vincent « Chin » Gigante la mission d'abattre Costello, mais le tueur eut la mauvaise idée d'apostropher sa cible avant d'appuyer sur la détente, de sorte que Costello parvint à éviter les balles. Touché à la tête, il survécut à sa blessure.

Le 25 octobre 1957, Vito Genovese fit abattre Albert Anastasia, autre parrain de la mafia locale, dans un salon de coiffure. Costello et ses deux acolytes Luciano et Lansky décidèrent alors de tendre un piège à Genovese, Gigante et Carmine Galante afin de les faire condamner. Genovese fut envoyé en prison et y mourut. Dès lors, Costello continua à mener ses affaires depuis l'hôtel Waldorf-Astoria de New York, ou il s'éteignit d'une crise cardiaque le 18 février 1973. À sa sortie de prison, en 1974, Carmine Galante rendit hommage à sa manière au célèbre gangster en faisant exploser les portes en bronze de son caveau.

Frank Costello

Frank Costello assiste à une audience du Sénat américain traitant du crime organisé, 1950.

Salvatore Luciana naquit en Sicile en 1897 et arriva à New York neuf ans plus tard. Très tôt, il s'adonna à l'extorsion de fonds auprès de ses camarades d'école et il rencontra, dans le cadre de cette activité, un futur associé nommé Meyer Lansky. Au début des années 1920, peu après l'instauration de la prohibition, Luciana, devenu Charles Luciano, se lia à Frank Costello et Vito Genovese dans le trafic d'alcool de contrebande sous le commandement de Joe Masseria.

Quelques années plus tard, Luciano fut enlevé en pleine rue, poignardé, battu, et laissé pour mort sur une plage de Staten Island. Ayant appris par son ami Lansky que l'agression avait été commanditée par Masseria, Luciano joignit le gang rival de Salvatore Maranzano et entreprit d'éliminer son ancien patron.

Le 15 avril 1931, Joe Masseria fut abattu par trois hommes de Luciano dans un restaurant de Coney Island, alors que celui-ci, qui dînait avec la victime, s'était éclipsé aux toilettes. Plus tard, Maranzano, soucieux d'asseoir son pouvoir, ordonna l'assassinat de Luciano et de plusieurs autres de ses lieutenants. Il fut cependant devancé par Luciano, qui chargea quatre de ses hommes, déguisés en agents fédéraux, d'abattre Maranzano à son quartier général. En sortant de l'édifice, les quatre tueurs rencontrèrent Vincent Coll, l'homme à qui Maranzano avait confié le contrat sur Luciano, mais ignorant son identité, ils lui conseillèrent simplement de quitter les lieux. Débarrassé de ses rivaux, Luciano s'attela à réorganiser la mafia locale. Il divisa New York en plusieurs territoires et en attribua la gestion aux diverses familles.

Le système fonctionna à merveille jusqu'en 1936, année où Luciano fut condamné à une longue peine de prison pour proxénétisme. Durant la Seconde Guerre mondiale, Luciano, dans l'espoir d'une remise de peine, proposa ses services au gouvernement américain afin de préparer le

Lucky Luciano

L'œil paresseux mais la mine menaçante : portrait de Lucky Luciano en 1935.

débarquement en Sicile et de faciliter la progression des troupes américaines en Italie. Dans le même temps, il utilisa ses liens avec son pays d'origine pour gommer la présence communiste au sein de la résistance italienne et des municipalités locales.

En retour, Luciano fut gracié immédiatement après la guerre, à la condition qu'il quitte définitivement le territoire américain. Après avoir regagné l'Italie en février 1946, Luciano se rendit, en décembre de la même année, à La Havane pour y rencontrer ses anciens associés. C'est là qu'il décida, en accord avec Lansky, de l'élimination de Bugsy Siegel. Le 26 janvier 1962, à l'âge de soixante-quatre ans, Luciano décéda d'une crise cardiaque à l'aéroport de Naples. Son corps fut rapatrié aux États-Unis et enterré au Saint John's Cemetery, dans le quartier new-yorkais du Queens.

En haut : Luciano (quatrième en partant de la gauche) se promène dans une rue de Lercara, Sicile, en 1949. Ci-contre : Luciano (mains au menton) se présente au bureau d'enregistrement d'un tribunal de New York en 1935. Page opposée : la chance a tourné. Charles « Lucky » Luciano décède d'une crise cardiaque à l'aéroport de Naples le 26 janvier 1962.

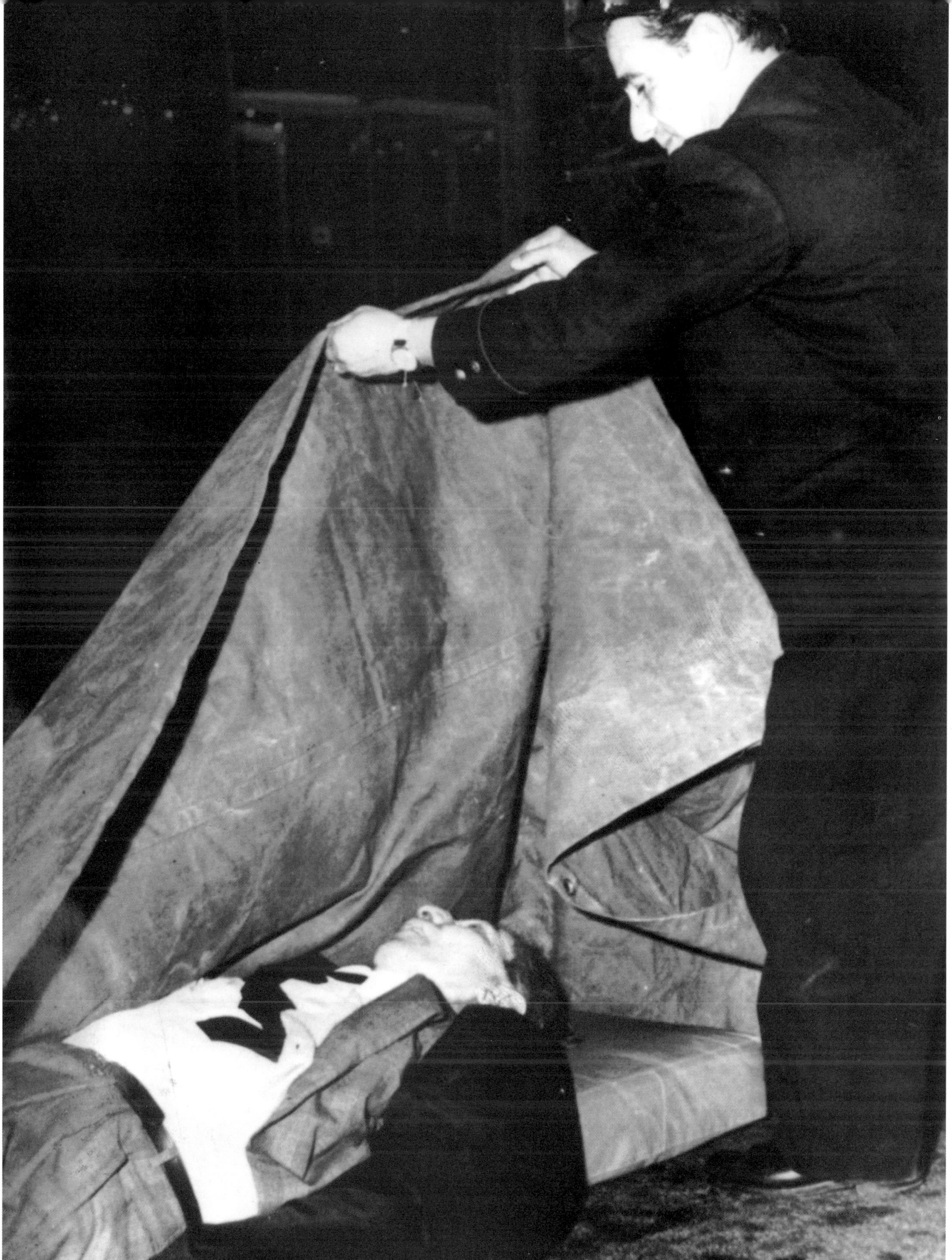

Benjamin Siegelbaum détestait son surnom de Bugsy. Quand on s'adressait à lui, il était préférable de l'appeler « Ben » ou « Mr Siegel ». La première partie de sa vie fut peu différente de celles d'autres mafieux célèbres. Siegel naquit dans le quartier de Brooklyn, à New York et s'embarqua très tôt dans l'extorsion de fonds en compagnie d'un ami nommé Moey Sedway. Un peu plus tard, il fit la connaissance de Meyer Lansky, qui exerça sur lui une grande influence et qui décida, beaucoup plus tard, de son élimination. Le premier meurtre de Siegel fut motivé par la vengeance. Charles « Lucky » Luciano, associé de Lansky, avait été envoyé en prison pour une affaire de drogues, et Lansky et Siegel décidèrent d'éliminer le témoin qui avait permis sa condamnation. Le corps du jeune homme ne fut jamais retrouvé. Plus tard, Siegel fut accusé du viol d'une jeune femme dans un débit de boissons clandestin, mais la victime, soumise à des menaces, retira sa plainte.

En 1937, Siegel fut envoyé en Californie pour y organiser le racket des cercles de jeux. Dans le même temps, il prit le contrôle des syndicats des travailleurs d'Hollywood et parvint ainsi à s'introduire dans le milieu du cinéma. Au faîte de sa gloire, il avait le pouvoir de mener à la faillite les plus grands studios et se faisait payer par les vedettes de l'époque afin qu'il leur évite cette fin.

Au lendemain de la Seconde Guerre mondiale, Siegel eut l'idée de développer un vaste casino-hôtel dans une petite ville du Nevada nommée Las Vegas. Après une construction semée d'embûches, l'établissement ouvrit ses portes en fanfare le 26 décembre 1946 et Siegel parvint bientôt à couvrir ses dettes. Pourtant sa satisfaction allait être de courte durée. Soupçonnant son associé de détournements de fonds, Meyer Lansky décida finalement de son élimination. Le 20 juin 1947, Siegel fut abattu dans son domicile de Beverly Hills par un tireur embusqué. Il mourut instantanément, la tête traversée de deux balles.

Bugsy Siegel

Bugsy Siegel, l'homme qui fit de Las Vegas
la capitale mondiale du jeu, en 1940.

SUN VALLEY

En 1945, au sortir de la Seconde Guerre mondiale, l'une des tâches les plus difficiles incombant aux puissances victorieuses fut de poursuivre en justice ceux qui avaient trahi leur pays durant le conflit. Au sein des territoires anciennement occupés par les armées allemande ou japonaise, cette justice fut souvent brutale et expéditive. Nombre d'espions et traîtres furent démasqués, arrêtés et passés par les armes, et les femmes qui avaient eu l'imprudence d'offrir leurs charmes aux soldats ennemis furent expulsées sans ménagement de leurs villes et villages, le plus souvent la tête entièrement rasée. Certains collaborateurs reçurent cependant un jugement en bonne et due forme.

En 1933, alors qu'il était jeune officier dans le régiment des Seaforth Highlanders, l'Anglais Norman Baillie-Stewart avait été condamné à cinq ans d'emprisonnement à la Tour de Londres pour avoir vendu des secrets militaires à l'Allemagne. Dès sa libération, il quitta le Royaume-Uni et prit la nationalité allemande. Il s'installa à Berlin et y anima, durant le conflit, une émission radiophonique de propagande nazie en langue anglaise sous le pseudonyme de Lancer. Après la guerre, il fut capturé mais échappa à l'accusation de trahison, son dossier ayant été égaré. Inculpé d'actes probables de collaboration avec l'ennemi, il fut condamné à une peine de cinq ans d'emprisonnement.

William Joyce eut moins de chance. Cet Irlandais fasciste et antisémite émigra en Allemagne dès le début de la guerre, puis il s'engagea dans la propagande radiophonique depuis son pays d'adoption sous le pseudonyme de Lord Haw-Haw. Capturé à la fin du conflit, il fut accusé de trahison et pendu à la prison de Wandworth le 3 janvier 1946.

Le lendemain, cette même prison fut le théâtre de la pendaison de Theodore Schurch. Cet ex-soldat anglo-suisse avait fourni des informations aux autorités nazies en se mêlant aux véritables prisonniers de guerre britanniques.

Traîtres de la Seconde Guerre mondiale

En haut à gauche : Norman Baillie-Stewart (journal en main) peu après sa sortie de prison en 1937. En haut à droite : Iva Ikuko Toguri d'Aquino, alias « la Rose de Tokyo », citoyenne américaine accusée d'avoir prêté sa voix à la propagande radiophonique japonaise. Ci-contre : William Joyce lors de son arrestation dans un hôpital allemand.

L'histoire des frères Kray, jumeaux nés à dix minutes d'intervalle, est pleine de contradictions. Ils furent des figures incontournables de l'East End londonien, garants d'un ordre tacite au sein de la pègre locale, et pourtant, ils préféraient, enfants, la campagne à la ville. De même, ils aspiraient aux décors luxueux et feutrés de la haute société, mais leur milieu naturel était l'univers sordide des bars louches et des cercles de jeux. Très tôt, Ronnie et Reggie furent incités par leur père à pratiquer la boxe, et c'est sur le ring qu'ils apprirent qu'un adversaire n'était jamais battu tant qu'il parvenait à se relever.

Au milieu des années 1960, les Kray semblaient au faîte de leur réussite. Ils possédaient, en plus de plusieurs pubs, un cercle huppé dans le quartier de Knightsbridge et fréquentaient les vedettes du sport, de la chanson et du cinéma. En 1964, un quotidien britannique insinua que Ronnie Kray entretenait une relation homosexuelle avec Lord Robert Boothby, ancien membre du Parlement. Boothby porta plainte et reçut quarante mille livres sterling, mais Ronnie, déstabilisé par la révélation publique de son homosexualité, eut recours de plus en plus à la violence.

À cette époque, les Kray régnaient sur l'East End, tandis que le côté sud de la Tamise se trouvait sous la coupe des frères Richardson. La largeur du fleuve ne suffisait pas à prévenir les rencontres entre les deux gangs rivaux, et les querelles de territoire se firent de plus en plus nombreuses. Le 7 avril 1966, Richard Hart, cousin des Kray, fut abattu par plusieurs hommes du gang Richardson lors d'une rixe dans un club du quartier de Catford. Deux jours plus tard, les Kray apprirent que l'un d'eux, George Cornell, déjeunait au Blind Beggar, un pub situé sur leur territoire. Ronnie se rendit sur les lieux, pénétra dans l'établissement et abattit froidement Cornell de trois balles dans la tête.

Les frères Kray

Reggie (à gauche) et Ronnie Kray parcourent leur territoire en 1965.

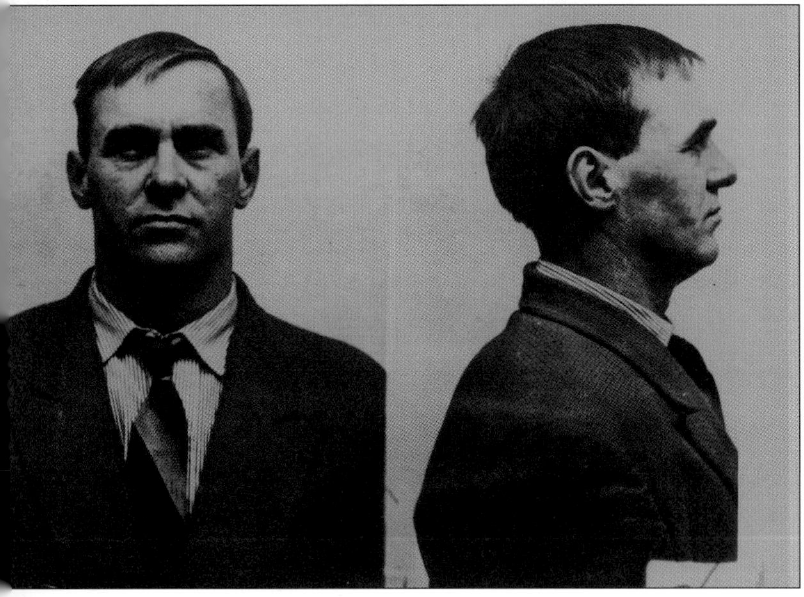

Faute de témoins disposés à l'identifier, Ronnie Kray ne fut pas inquiété. Un an plus tard, Ronnie chargea son homme de main Jack McVitie d'éliminer un informateur du nom de Leslie Payne. McVitie eut la mauvaise idée d'ignorer les ordres et de conserver l'argent qui lui avait été versé. En octobre 1967, McVitie tomba dans un piège. Convié à une réunion entre amis, il tomba nez à nez avec les frères Kray, qui avaient poliment conseillé aux autres invités de quitter les lieux. Incapable de se défendre, McVitie fut sauvagement frappé de coups de couteau au visage, à la poitrine et à l'abdomen par Reggie Kray, exhorté de la voix par Ronnie.

Dès lors, les frères Kray avaient dépassé les bornes, et Scotland Yard résolut de mettre fin à leurs méfaits. En mai 1968, Ronnie et Reggie Kray furent arrêtés pour les meurtres de Cornell et McVitie, puis condamnés à la détention à vie. Ronnie mourut en prison en 1996. Reggie fut libéré pour raisons de santé en 2000 et succomba à un cancer six mois plus tard. L'East End lui fit de somptueuses funérailles.

Page opposée en haut : Ronnie (second à partir de la gauche) et Reggie Kray posent en compagnie de l'acteur George Raft (troisième à partir de la gauche) et du champion de boxe américain Rocky Marciano (deuxième à partir de la droite). Page opposée en bas : George Cornell, abattu par Ronnie Kray le 9 avril 1966. Ci-dessus : les jumeaux Kray, âgés de dix-sept ans, entourent leur mère Violet Kray en 1950.

Dans un rapport pénitentiaire publié en 1951, le jeune Charles Manson, alors âgé de dix-sept ans, est décrit comme « un adolescent dangereux et indigne de confiance ». En captivité, il avait abusé sexuellement d'un codétenu sous la menace d'un rasoir. Sept années plus tard, après trois ans de prison, il est cette fois décrit comme « un libéré sur parole voué à replonger rapidement dans le crime ». À cette date pourtant, Manson ne s'était rendu coupable que de délits relativement mineurs : vol à l'étalage, vol de voiture, violence et usage de chèques volés. Même s'il avait passé l'essentiel de son adolescence derrière les barreaux, il était loin de mériter le qualificatif de « symbole suprême du mal » qui lui fut attribué plus tard.

En 1959, Manson replongea dans le crime et fut condamné à dix ans de prison pour escroquerie et viol. Libéré contre son gré en mars 1967, il s'installa à proximité de San Francisco, profita de la mouvance hippie et réussit bientôt à réunir autour de lui un groupe d'adeptes. En compagnie d'une trentaine de ceux-ci, il s'installa dans un ranch abandonné de la San Fernando Valley et entreprit de jeter les bases d'un mouvement pseudo-religieux, encourageant notamment les membres de sa « famille » à le considérer comme la réincarnation du Christ.

En 1969, Manson et ses disciples entreprirent de concrétiser leurs croyances sataniques et sombrèrent dans une orgie de crimes. Le 9 août, plusieurs adeptes de la secte se rendirent au domicile du réalisateur Roman Polanski, sur les hauteurs de Beverly Hills, à Los Angeles. Polanski, retenu pour raisons professionnelles à Londres, était absent. Après avoir croisé et abattu un ami du jardinier, les membres du groupe pénétrèrent dans la villa et en maîtrisèrent les occupants : Abigail Folger, riche héritière, son ami d'origine polonaise Wojciech Frykowski,

Charles Manson

Charles Manson, le front gravé d'une croix, tel qu'il apparut devant la commission chargée d'examiner sa demande de libération conditionnelle en 1986.

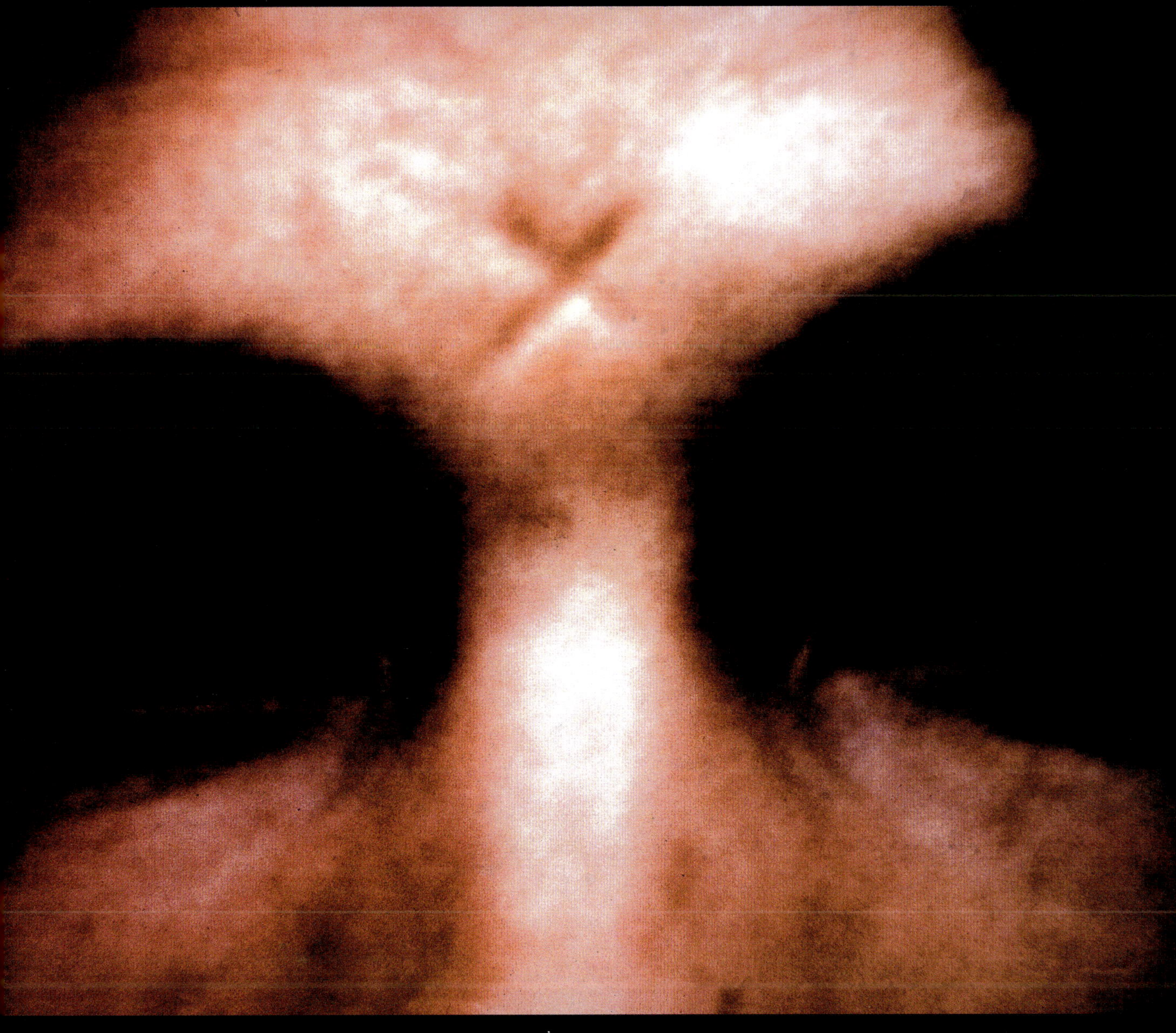

le coiffeur Jay Sebring et l'actrice américaine Sharon Tate, épouse de Polanski. Tous quatre furent sauvagement assassinés. Sharon State, enceinte de huit mois, implora en vain les tueurs de l'épargner. Elle fut frappée de plusieurs coups de couteau par Susan Atkins, l'une des adeptes de Manson présente sur les lieux.

La nuit suivante, Manson et trois membres de sa secte, dont deux impliqués dans les événements de la veille, décidèrent de poursuivre leurs crimes. Ils assassinèrent avec la même barbarie les époux Leno et Rosemary LaBianca dans leur résidence du quartier de Loz Feliz, à Los Angeles.

Le principal motif évoqué pour ces atrocités était l'imminence d'une guerre raciale entre Blancs et Afro-Américains et la nécessité de montrer la voie à ces derniers, puisqu'ils semblaient incapables de déclencher eux-mêmes les hostilités. La secte de Manson prévoyait d'échapper à cette guerre en se réfugiant dans un monde souterrain, accessible depuis le désert californien, puis d'émerger en meneuse du monde à son issue.

Après son arrestation, en même temps que celle de ses adeptes, dans un ranch situé à proximité de la vallée de la Mort, Manson fut condamné à mort le 29 mars 1971. Sa peine fut commuée en prison à vie lorsque la Cour

Ci-dessus : vue du Barker Ranch, vallée de la Mort, Californie, où Manson et ses adeptes vivaient au moment de leurs crimes. Le ranch appartenait à la grand-mère de Catherine Gillies, l'une des membres de la secte. Ci-contre : le Spahn's Movie Ranch, où la secte séjourna avant de s'installer au Barker Ranch.

En haut à gauche : Sharon Tate, épouse du réalisateur Roman Polanski, dans un taxi londonien le 6 août 1969, trois jours avant sa mort. En haut à droite : Susan Atkins, l'une des tueuses de Sharon Tate.
Ci-contre : deux membres de la secte de Manson au début des années 1970.
Page opposée : Polanski assis devant la porte de sa maison californienne quelques jours après le meurtre de son épouse Sharon Tate.

suprême de Californie décida, l'année suivante, d'invalider les sentences de mort rendues avant 1972. Manson demeure aujourd'hui incarcéré dans une prison de Californie et reçoit, dit-on, près de soixante mille lettres par an. Ses demandes de libération conditionnelle ont toutes été refusées, de façon la plus spectaculaire en 1986, lorsqu'il apparut devant la commission d'examen le front gravé d'une croix. Il est peu probable qu'il soit libéré un jour.

La secte dont il était le gourou a survécu et a commis plusieurs crimes alors qu'il était sous les verrous. En septembre 1975, Lynette Fromme tenta d'assassiner le président Gerald Ford à Sacramento. Pour motif de son acte, elle affirma qu'elle souhaitait que Manson soit appelé comme témoin à son procès et qu'il puisse ainsi exposer au monde sa vision apocalyptique du futur. À ce jour, personne n'a encore découvert l'accès au monde souterrain censé protéger Manson et ses adeptes de la folie du monde.

À la fin des années 1950, l'Américain James Jones créa, à Indianapolis, le People's Temple, communauté interraciale prônant l'amour et l'égalité pour tous. Afin d'échapper à diverses enquêtes menées par l'État d'Indiana, Jones décida bientôt d'implanter la communauté en Californie. En 1974, de nouveau soupçonné d'activités illégales, Jones obtint l'autorisation d'établir à la Guyana (Amérique du Sud), sur un site isolé qu'il baptisa Jonestown, une coopérative agricole appelée le People's Temple Agricultural Project. Sur place, la plupart des adeptes souffrirent rapidement du manque de nourriture, du travail forcé et des accès de fièvre et de diarrhée. À l'intérieur du camp, la discipline était maintenue de façon brutale et le châtiment corporel, couramment appliqué. Ceux qui tentaient de fuir étaient neutralisés à l'aide de drogues, et les parents étaient contraints de mettre leurs enfants sous l'autorité directe de Jones.

En novembre 1978, après une enquête sur la secte, le député américain Leo Ryan décida de se rendre sur les lieux en compagnie de parents d'adeptes et de membres des médias. Contraint d'accepter cette visite, Jones fit tout son possible pour apaiser Ryan, mais les débats s'envenimèrent lorsque plusieurs membres de la secte entreprirent de repartir aux États-Unis avec le député. Sur ordre de Jones, un groupe d'adeptes ouvrit le feu sur l'un des avions alors qu'il se préparait à décoller, tuant Ryan, trois journalistes et l'un des déserteurs.

Conscient des conséquences de cet acte, Jones décida alors de mettre à exécution le suicide collectif qu'il avait maintes fois répété. Le 18 novembre, peu après la fusillade intervenue sur le petit aéroport, un mélange de jus de fruit, de Valium et de cyanure fut distribué à tous ses disciples, enfants et nourrissons d'abord. Nombre des adultes qui s'efforcèrent alors de fuir furent abattus par les gardes armés de Jones. Jones lui-même se tira une balle dans la tête. Neuf cent treize des onze cent dix adeptes de la communauté périrent, dont deux cent soixante-quatorze enfants. En 1985, le site de Jonestown fut détruit par un incendie.

Jonestown

Les corps d'hommes, de femmes et d'enfants jonchent le sol du site de Jonestown après le plus grand suicide collectif de l'histoire moderne, le 18 novembre 1978.

En 1990, l'Américain David Koresh prit la tête de la communauté des Davidiens, branche dissidente de l'Église adventiste du Septième Jour, et s'installa avec ses disciples à Waco, au Texas. Le 28 février 1993, plusieurs agents du BATF (Bureau of Alcohol, Tobacco and Firearms) tentèrent d'arrêter Koresh et de fouiller les prémices. Une fusillade s'ensuivit, au cours de laquelle quatre policiers furent tués et seize autres blessés. Le début du siège de Waco avait commencé.

Il dura cinquante et un jours, sous les autorités concertées du BAFT et du FBI. À plusieurs reprises, Koresh libéra quelques-uns des membres de la secte, dont plusieurs enfants, mais les autorités perdirent rapidement patience. Des informations indiquaient que les Davidiens disposaient d'assez de nourriture et d'équipements pour tenir un an. Il fut bientôt décidé de mettre fin au siège par la force, en utilisant notamment des véhicules blindés et des grenades lacrymogènes inflammables.

Le 18 avril 1993, le FBI avertit les Davidiens d'un assaut imminent et leur intima de se rendre. Ceux-ci refusèrent en présentant des enfants brandissant des pancartes aux fenêtres. Le jour suivant, au petit matin, l'assaut commença par un tir nourri de grenades lacrymogènes. Quelques heures plus tard, alors que les véhicules blindés se préparaient à pénétrer dans le camp, des flammes apparurent à l'intérieur de celui-ci. Aujourd'hui encore, il existe des doutes sur leur origine. Les autorités américaines affirmèrent que l'incendie avait été déclenché volontairement par les membres de la secte, mais certains s'étonnèrent de voir disparaître les images de l'assaut des journaux télévisés après une seule diffusion. Koresh et soixante-dix sept de ses adeptes, dont dix-sept enfants, périrent dans les flammes. Il n'y eut que neuf survivants.

Waco et suites

Les flammes embrasent les bâtiments de la secte des Davidiens à Waco, le 19 avril 1993. Aujourd'hui encore, on ignore les causes exactes de l'incendie.

L'un des témoins de cet événement avait été l'Américain Timothy McVeigh, ancien soldat et vétéran décoré de la première guerre du Golfe. Ce qu'il vit ce jour-là attisa sa colère contre son propre gouvernement. Deux ans exactement après la fin tragique du siège de Waco, McVeigh gara une camionnette de location remplie de plus de deux tonnes d'un mélange d'engrais liquide et d'essence au pied du bâtiment fédéral Alfred P. Murrah à Oklahoma City, puis il s'éloigna rapidement du véhicule après avoir mis à feu une mèche lente. L'effroyable explosion qui s'ensuivit tua cent soixante-huit personnes et en blessa plus de huit cents autres.

Le 2 juin 1997, Timothy McVeigh fut reconnu coupable d'usage d'une arme de destruction massive et du meurtre de huit employés fédéraux. Condamné à mort, il fut exécuté quatre ans plus tard au pénitencier fédéral de Terre Haute, dans l'Indiana. Il avait trente-trois ans.

En haut à gauche : la façade nord du bâtiment fédéral Albert P. Murrah après l'attentat d'Oklahoma City, le 19 avril 1995. Ci-contre : Timothy McVeigh, vêtu de sa combinaison orange de prisonnier, arrive au tribunal d'Oklahoma City en 1997. McVeigh fit appel de sa condamnation à mort. En mars 1999, la Cour suprême des États-Unis rejeta son dernier recours. Deux ans plus tard, McVeigh fut exécuté par injection au pénitencier de Terre Haute, dans l'Indiana.

FBI
FB

Jusqu'au début des années 1990, bien peu, à l'extérieur des Balkans, avaient entendu parler de Srebrenica, ville de Bosnie-Herzégovine, ou du Kosovo, province autonome de l'ex-Yougoslavie peuplée en grande majorité d'Albanais musulmans. Tout au long de l'histoire, les Balkans ont toujours formé une région très instable, scène de multiples insurrections et rébellions à caractère nationaliste. En 1991, onze ans après la mort du président yougoslave Josip Broz (dit Tito), plusieurs républiques fédérées de Yougoslavie réclamèrent leur indépendance, à laquelle s'opposa farouchement Slobodan Milosevic, président de la Serbie et fervent défenseur d'un nationalisme serbe affirmé. En avril 1991, des luttes armées éclatèrent entre Croates, Bosniaques et Serbes de Bosnie.

Le conflit culmina en juillet 1995 avec le massacre, dans les environs de Srebrenica, et malgré la présence de l'ONU, de plusieurs milliers de civils bosniaques par les forces armées serbes. Trois ans plus tard, alors que les luttes intestines se poursuivaient, le Kosovo entreprit de quitter la République fédérale de Yougoslavie, créée par Milosevic en 1992 et composée alors de la Serbie et du Monténégro.

Sous l'impulsion de Milosevic, les révoltes locales furent réprimées par l'élimination, dans d'atroces conditions, de plusieurs milliers d'Albanais du Kosovo et par la destruction systématique des biens appartenant à cette communauté ethnique. L'armée de Milosevic fut finalement contrainte de se retirer du Kosovo en 1999, après le bombardement de positions serbes par les forces de l'Otan. Cette même année, Milosevic fut inculpé de crimes contre l'humanité par le Tribunal pénal international pour l'ex-Yougoslavie, organisme créé dès 1993 à l'initiative de l'ONU et basé à La Haye, Pays-Bas.

Arrêté le 1er avril 2001 et livré à l'ONU par le gouvernement serbe, Milosevic contesta vivement la légitimité du tribunal jusqu'à l'ouverture de son procès en février 2002, sous l'autorité du procureur

Slobodan Milosevic

Le président Slobodan Milosevic représenté à la manière d'une icône religieuse sur les murs du siège du Parti socialiste serbe à Belgrade, le 13 mars 2006, deux jours après sa mort.

СЛОБО
ДАН
СРПСКИ

Carla del Ponte. Plus de six cent trente mille pages de documents furent présentées durant l'instruction. Au cours de celle-ci, la santé de Milosevic, qui avait choisi de se défendre lui-même, ne cessa de décliner, au point de forcer plusieurs reports des débats.

Le 11 mars 2006, alors que le procès n'avait pas encore trouvé de conclusion, Milosevic fut retrouvé mort dans sa cellule. Ses défenseurs insinuèrent qu'il avait été empoisonné, mais l'autopsie révéla qu'il avait été victime, selon toute vraisemblance, d'une attaque cardiaque. Aujourd'hui, plus d'un an après la mort du nationaliste serbe, l'avenir du Kosovo demeure incertain.

En haut : Milosevic est conduit dans la salle d'audience lors de sa première apparition au tribunal pénal international de La Haye, le 3 juillet 2001.
Page opposée : l'avis de décès de Slobodan Milosevic, placé par sa fille dans le quotidien monténégrin *Pobjeda*.

ТАТА

Волим те.

Твоја МАРИЈА

7460(п.в.)

Le massacre du lycée Columbine, survenu le 20 avril 1999 dans l'État du Colorado, ne fut pas un événement unique. Entre 1990 et 2000, une quinzaine d'attaques armées perpétrées par des élèves contre leur propre établissement scolaire ont été recensées aux États-Unis. La durée de l'opération et le nombre élevé de victimes distinguent cependant Colombine de ces autres drames. Durant deux années avant les faits, Eric Harris, l'un des deux tueurs, avait proféré plusieurs menaces de mort contre certains de ses camarades et professeurs sur une page personnelle d'un site Internet, et lui et son complice Dylan Klebold avaient soigneusement prémédité leur opération. Dans un journal secret, ils avaient consigné les plans d'une attaque à la bombe et ceux du détournement d'un avion depuis l'aéroport de Denver.

Le 20 avril 1999 à 11 h 15, Harris et Klebold arrivèrent au lycée séparément et mirent à exécution leur plan en déposant deux bombes dans la cafétéria de l'établissement. En sortant de celle-ci, Harris rencontra son camarade Brooks Brown, qu'il avait menacé de mort sur son site Internet, et lui conseilla de rentrer chez lui. Revenus à leurs véhicules, les deux adolescents s'armèrent d'un fusil à canon scié, d'un fusil à pompe, d'une carabine semi-automatique et d'un pistolet semi-automatique.

Ils gagnèrent alors le point le plus haut du campus et commencèrent à tirer, tuant trois élèves et en blessant sérieusement neuf autres. Klebold se dirigea alors vers la cafétéria en criant et en vidant son arme au hasard, puis les deux tueurs gagnèrent la bibliothèque, où étaient rassemblés cinquante-trois élèves, trois bibliothécaires et un professeur.

Klebold abattit l'un des élèves aussitôt après être entré dans la salle, puis les deux complices s'assirent et rechargèrent leurs armes. En l'espace de quinze minutes, ils tuèrent neuf autres

Columbine et Beslan

Image de l'un des cinq films amateurs montrant Eric Harris (à gauche) et Dylan Klebold s'entraînant au tir quelques semaines avant le massacre de Columbine.

En haut à gauche : image d'une caméra de vidéosurveillance de la cafétéria du lycée Columbine montrant Harris et Klebold au début de leur attaque, le 20 avril 1999. Ci-contre : photos d'Eric Harris (à gauche) et de Dylan Kleber (à droite) dans un annuaire du lycée Columbine. Ci-dessus : des élèves traumatisés assistent à l'évacuation des derniers survivants.

occupants de la bibliothèque et en blessèrent plusieurs autres, après quoi ils entreprirent de parcourir les couloirs de l'établissement en tirant au hasard et en jetant plusieurs bombes de leur fabrication. Ils retournèrent ensuite dans la bibliothèque où ils se donnèrent la mort quelque cinquante minutes après le début du massacre. L'effroyable bilan fit état de douze morts – onze élèves et un professeur – et de vingt-quatre blessés. Les derniers survivants furent évacués près de trois heures après la fin de la fusillade.

Les terribles événements intervenus en septembre 2004 à l'intérieur d'une école de Beslan, dans la république russe d'Ossétie du Nord, atteignirent une tout autre échelle. À 9 h 30 le 1er septembre, jour de rentrée des classes, une trentaine d'hommes et femmes masqués pénétrèrent à l'intérieur de l'école et rassemblèrent, sous la menace de leurs armes, quelque mille trois cents enfants et adultes dans le gymnase. Là, après s'être s'identifiés comme étant des séparatistes tchétchènes, ils confisquèrent les téléphones portables et installèrent des explosifs par le biais de câbles reliés aux panneaux de basket-ball. Les terroristes établirent finalement leur demande : la libération de vingt-quatre séparatistes tchétchènes arrêtés en juin 2004.

Peu après, il firent sortir vingt adultes mâles du gymnase et les abattirent. Durant deux jours, les négociations entre les autorités russes et les terroristes demeurèrent infructueuses, alors que la situation à l'intérieur de l'établissement se dégradait d'heure en heure du fait de la chaleur et de l'absence de nourriture. Aux pleurs des jeunes enfants, les preneurs d'otage, rendus de plus en plus nerveux, répondaient par des rafales de mitraillette tirées en l'air.

Le 3 septembre vers 13 heures, les terroristes acceptèrent que les cadavres qui se décomposaient dans la cour de l'école soient enlevés par une équipe médicale. Alors que celle-ci s'exécutait, deux explosions retentirent à l'intérieur de l'établissement. Les forces d'élite russes décidèrent alors de lancer l'assaut, et des véhicules blindés abattirent des portions de murs afin de permettre aux otages de s'enfuir.

Vers 15 heures, les forces russes s'étaient rendues maîtres de l'école mais combattaient encore plusieurs terroristes retranchés dans ses sous-sols. Près de trois cent cinquante otages, dont de très nombreux enfants, trouvèrent la mort durant l'assaut et plusieurs centaines d'autres furent blessés. Trente et un des trente-deux terroristes furent tués.

L'un des enfants victimes du massacre de Beslan, tué par des séparatistes tchétchènes lors de la prise d'otages intervenue en septembre 2004.

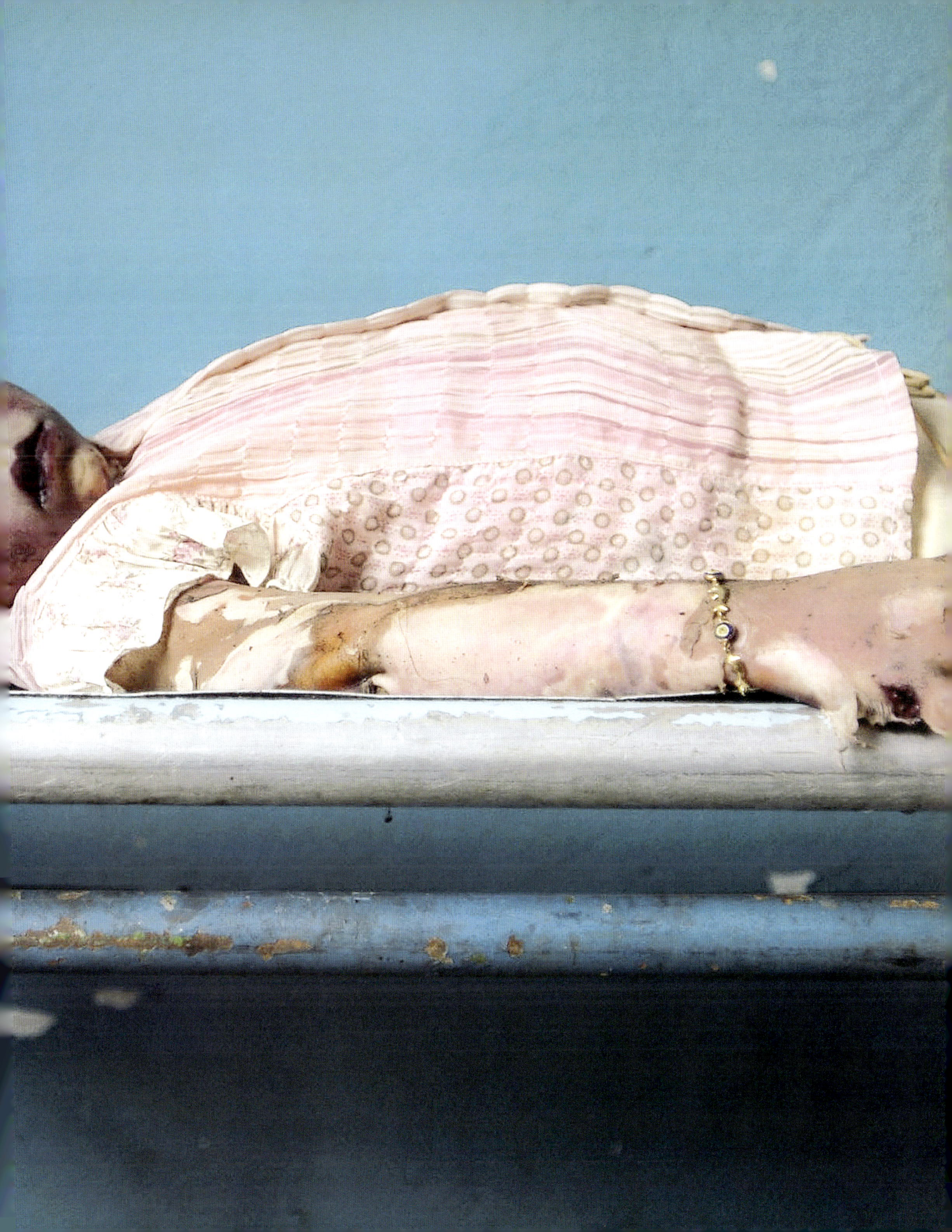

Les tragiques événements du 11 septembre 2001 ont radicalement modifié les relations entre la télévision et l'Histoire. Jusqu'à cette date, aucun fait d'une telle ampleur n'avait été observé en direct par des centaines de millions de téléspectateurs. Les images transmises ce jour-là furent exemptes de censure et totalement immédiates dans leur horreur, au point que certaines d'entre elles n'ont jamais été rediffusées.

Le 11 septembre 2001 à 8 h 19, l'hôtesse de l'air Betty Ong avertit les bureaux de la compagnie American Airlines que le vol AA 11 reliant Boston à Los Angeles, sur lequel elle opérait, était victime d'un détournement. Moins de trente minutes plus tard, le Boeing 767 s'encastra à une vitesse proche de 800 km/h dans la tour Nord du Word Trade Center, à New York. Seize minutes plus tard, la tour Sud du Word Trade Center fut frappée de plein fouet par le Boeing 767 du vol United Airlines 175, également initié à Boston. Les États-Unis étaient la cible de l'une des pires attaques terroristes de l'Histoire. À cet instant, un autre avion de ligne – le vol American Airlines 77 – avait déjà coupé ses contacts radio avec le sol, indiquant un probable détournement, et un quatrième – le vol United Airlines 93 – allait bientôt être saisi par les terroristes.

À 9 h 36, alors que les télévisions du monde entier étaient fixées sur le World Trade Center, le Boeing 757 du vol AA 77 s'écrasa sur l'aile ouest du Pentagone, à Washington, et embrasa l'édifice. Vingt-deux minutes plus tard, et cinquante-cinq minutes après l'impact du vol UA 175, la tour Sud du World Trade Center s'effondra sur elle-même, projetant un immense et épais nuage de poussière de béton et de gypse dans les rues du sud de Manhattan.

Peu avant 10 heures, ayant appris les événements en cours par leurs téléphones portables, les passagers du vol UA 93 décidèrent de combattre les terroristes, lesquels entreprirent alors de précipiter l'avion vers le sol.

11 septembre 2001

Portraits des terroristes auteurs des détournements de quatre avions de ligne américains le 11 septembre 2001.

Waleed M. Alsheri

Mohammed Atta

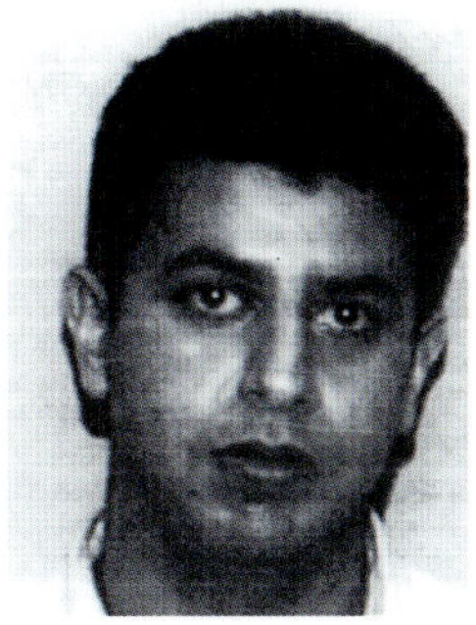
Wail M. Alshehri

Abdulaziz Alomari

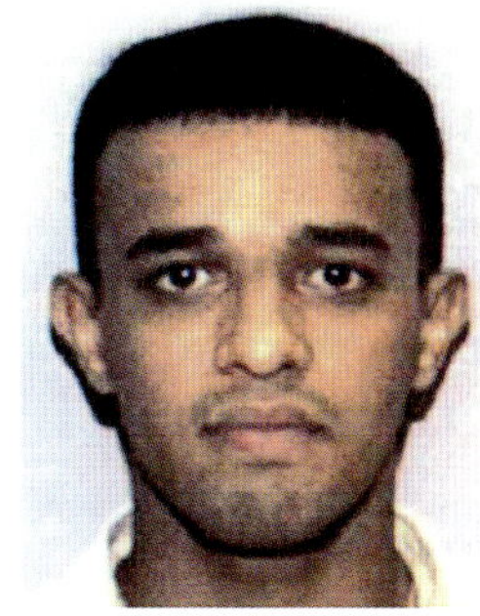
Satam M.A. al-Suqami

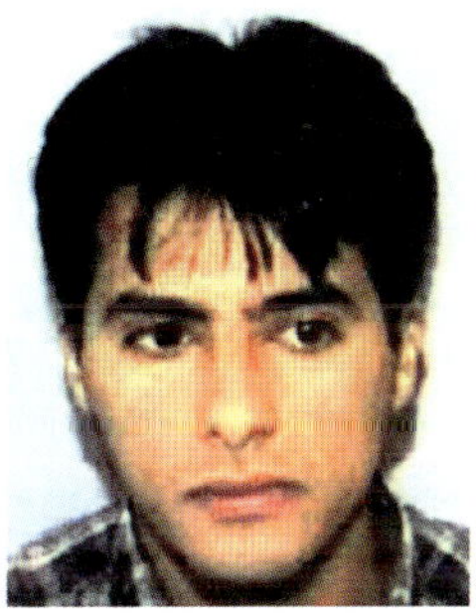
Ahmed Alnami

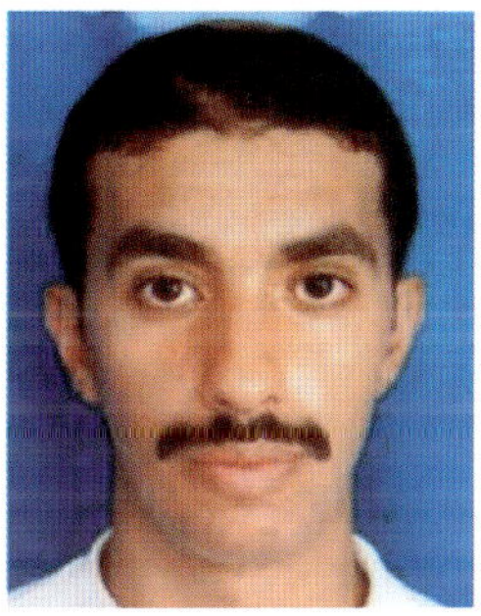
Ahmed Ibrahim A. al Haznawi

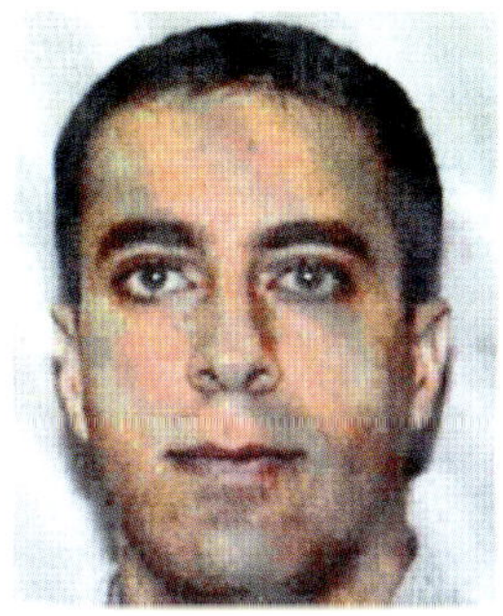
Ziad Samir al-Jarrah

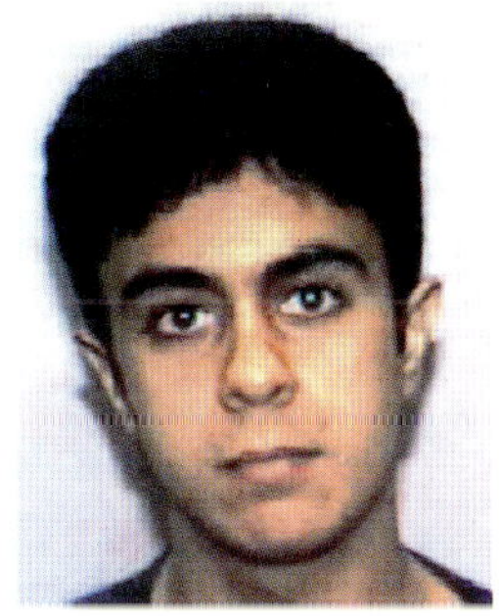
Saeed Alghamdi

Khalid Almihdar

Majed Moqed

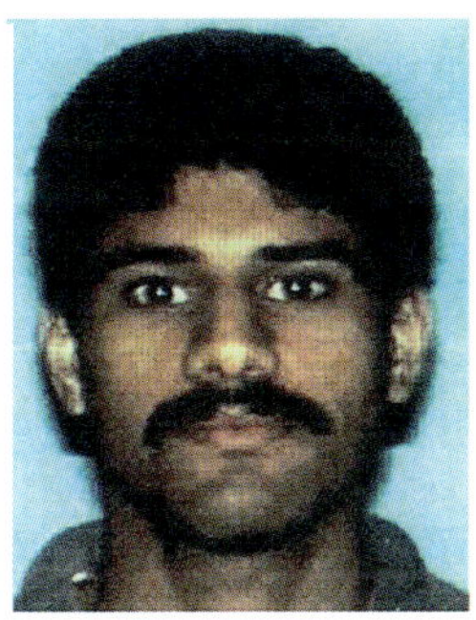
Nawaf Alhazmi

Salem Alhazmi

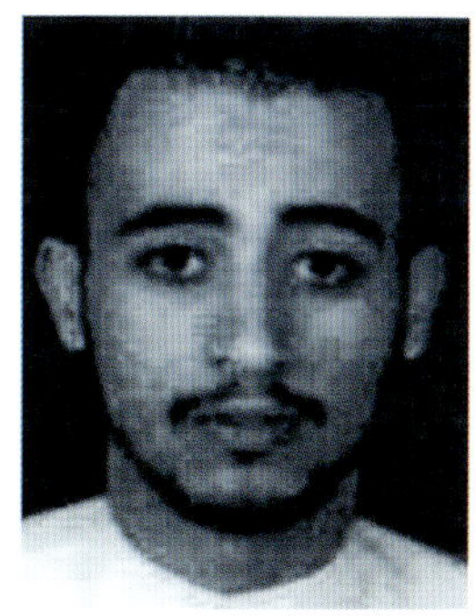
Hani Hanjour

Marwan Alshehhi

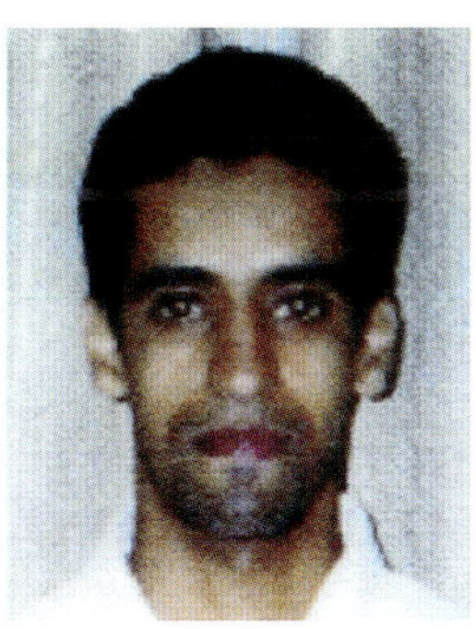
Ahmed Alghamdi

Mohand Alshehri

Hamza Alghamdi

Fayez Rashid
Ahmed Hassan
al-Qadi Banihammad

Le Boeing 757 s'écrasa à 10 h 03 dans un champ au sud-est de Pittsburgh, en Pennsylvanie. À 10 h 28, la tour Nord du World Trade Center s'effondra à son tour dans un immense fracas. La planète entière était alors en état de choc. Nul ne connaissait encore l'exacte étendue du carnage, le nombre d'individus innocents – passagers, membres d'équipage, employés du World Trade Center et du Pentagone, pompiers et policiers – tués dans la catastrophe. Il fallut plusieurs mois pour déterminer l'identité des victimes, et nombre de corps ne furent jamais retrouvés.

Un témoin du premier impact sur la tour Nord du World Trade Center – un maçon travaillant sur la façade de l'immeuble Pan Am – raconta que le crash de l'avion fut suivi d'un long silence, puis d'une multitude d'appels radio demandant des informations. Il décrivit la scène en ces termes : « J'ai remarqué un avion de ligne volant à basse altitude, comme pour une reconnaissance, puis tout à coup il s'est encastré dans la tour et une immense explosion s'est produite. J'ai tout de suite compris qu'il s'agissait d'un acte délibéré et que nous étions des cibles. J'ai commandé à tout le monde de descendre. En un rien de temps, nos lourdes nacelles ont été ramenées au pied de l'édifice et les gars en sont descendus. »

Vers 16 heures, le nom d'Oussama Ben Laden fut associé pour la première fois aux attaques. Un peu plus tôt, le président américain George W. Bush avait déclaré dans une annonce officielle : « Ce matin, la liberté a été attaquée par un lâche sans visage, et la liberté sera défendue. Les États-Unis vont s'employer à rechercher et punir les responsables de ces actes abominables. » Les auteurs des

En haut : vue de l'aile ouest du Pentagone après l'impact du Boeing 757, le 11 septembre 2001. Page opposée : la tour Sud du World Trade Center commence à s'effondrer sur elle-même, projetant poussière et débris de toutes sortes dans les rues avoisinantes.

détournements périrent tous dans l'opération, mais il était évident que de telles attaques avaient nécessité une planification et des ressources hors de la portée d'un seul groupe terroriste.

Le soir même, après s'être adressé au peuple américain à la télévision, le président Bush écrivit dans son journal personnel : « Aujourd'hui s'est produit le Pearl Harbor du XXIe siècle. Le responsable est sans doute Oussama Ben Laden. »

En haut : les équipes de secours parcourent les décombres du World Trade Center deux jours après l'attaque terroriste. De nombreux pompiers new-yorkais périrent durant la catastrophe. Page opposée : une New-Yorkaise happée par l'immense nuage de poussière qui suivi l'effondrement de la tour Sud s'est réfugiée dans un édifice voisin.

Le 11 mars 2004, entre 7 h 37 et 7 h 40, dix bombes explosèrent dans quatre trains de banlieue madrilènes, à l'intérieur ou à proximité des gares d'Atocha, d'El Pozo et de Santa Eugenia, causant la mort de cent quatre-vingt douze personnes et en blessant plus de deux mille autres. Aucun avertissement n'était parvenu aux autorités avant le carnage. Sur les lieux des attentats, des hôpitaux de campagne furent installés afin de soigner les très nombreux blessés, certains horriblement mutilés. Devant l'ampleur du drame, les chaînes de télévision espagnoles remplacèrent leur logo par un drapeau espagnol drapé de rubans noirs, et le chef du gouvernement de Catalogne Pasqual Maragall déclara : « Aujourd'hui, nous sommes tous Madrilènes. »

Ces attaques s'étaient produites trois jours avant les élections législatives espagnoles, et les autorités du pays accusèrent immédiatement le mouvement séparatiste basque ETA d'être à leur origine. Pourtant cette hypothèse semblait improbable. Lors de précédents attentats perpétrés par l'ETA, les autorités avaient été averties peu avant l'explosion de la bombe. En outre, l'échelle de l'horreur dépassait de très loin celle des actions entreprises jusqu'alors par les séparatistes. Plusieurs millions d'Espagnols manifestèrent pourtant le jour suivant contre l'ETA.

Puis vint la nouvelle de l'arrestation de plusieurs Marocains et de la responsabilité probable d'un groupe extrémiste islamiste lié à Al-Qaeda. Dès lors, les manifestations furent dirigées vers les autorités espagnoles, coupables, aux yeux de certains, d'avoir délibérément accusé l'ETA afin d'éviter tout lien entre les attentats et l'engagement de soldats espagnols en Irak. Le 14 mars, les socialistes du PSOE, donnés largement battus une semaine auparavant, remportèrent les élections, ouvrant l'accès au poste de Premier ministre à José Luis Zapatero.

Attentats de Madrid

Les secouristes interviennent sur l'un des trains de banlieue touchés par les attentats à proximité de la gare d'Atocha, le 11 mars 2004.

POLICIA
SAMER

Tueurs en série

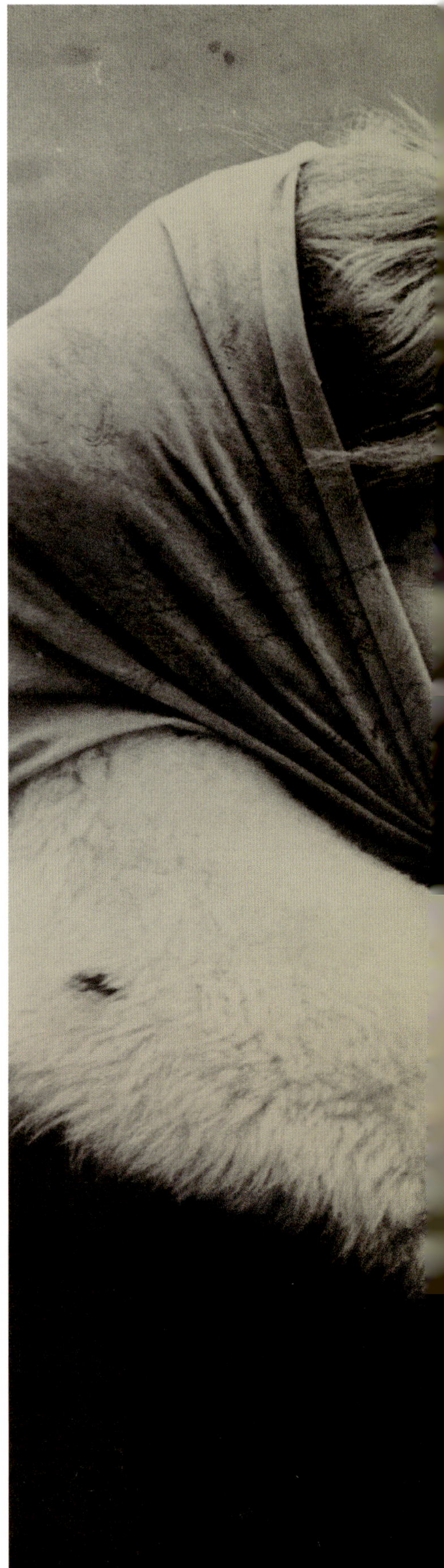

Ann West surveille la lande de Saddleworth, Angleterre,
le 18 octobre 1965, alors que la police recherche le corps
de sa fille Lesley Ann Downey, assassinée par les tueurs des Moors.

À la fin des années 1880, la vie quotidienne dans l'East End londonien n'avait rien d'une partie de plaisir. Il n'était pas rare qu'un logement soit occupé par plusieurs familles. L'air était vicié, l'eau d'une qualité sanitaire douteuse, et les toilettes, quand elles existaient, se situaient à l'extérieur du bâtiment. Le travail était le plus souvent occasionnel et mal payé. La violence faisait partie de la vie de tous les jours. Quelques bonnes âmes s'efforçaient alors d'obtenir des réformes sociales, mais l'East End demeurait un lieu sombre et sordide, où il était encore possible, pour un apprenti proxénète, d'acheter une adolescente pour cinq livres et de la contraindre à la prostitution.

Malgré tout, les habitants de cette partie de Londres furent horrifiés par les événements intervenus dans les quartiers de Whitechapel et d'Algate entre le 31 août et le 9 novembre 1888. Durant ce laps de temps, cinq jeunes femmes furent tuées à coups de couteau et sauvagement mutilées. Le corps de la première victime, une prostituée occasionnelle de quarante-trois ans nommée Mary Ann Nichols, fut découvert le 31 août vers 3 h 40 dans Buck's Row, à moins de deux cents mètres du London Hospital. Une semaine plus tard, vers 6 heures, Annie Chapman, autre prostituée locale, fut découverte assassinée sur le seuil d'une demeure de Hanbury Street, dans le quartier de Spitalfields. Chapman avait été égorgée, puis l'agresseur avait déchiré son abdomen pour en prélever l'utérus.

La presse rapporta les deux meurtres en détail et la peur s'empara de Londres. Peu après le second crime, une agence de presse londonienne reçut une lettre écrite à l'encre rouge signée « Jack l'Éventreur ». On pouvait y lire : *« Je vais régler leur compte aux prostituées et je ne compte*

Jack l'Éventreur

Portrait mortuaire de Catherine Eddowes, l'une des victimes de Jack l'Éventreur, réalisé le 30 septembre 1888.

rom a sketch taken at the Mortuary by Mr F W Foster

45. A.M. Sunday Septr 30th 1888.

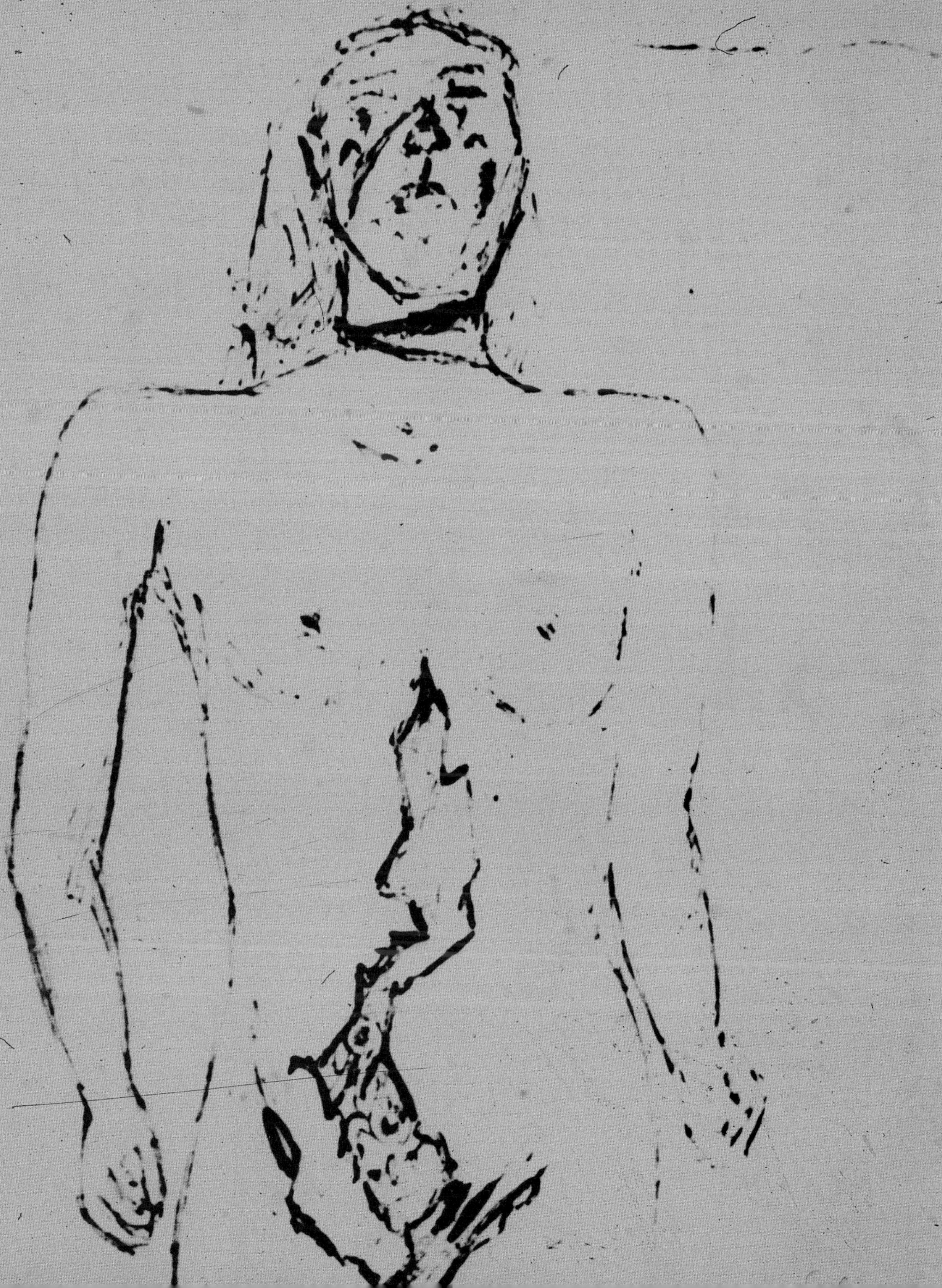

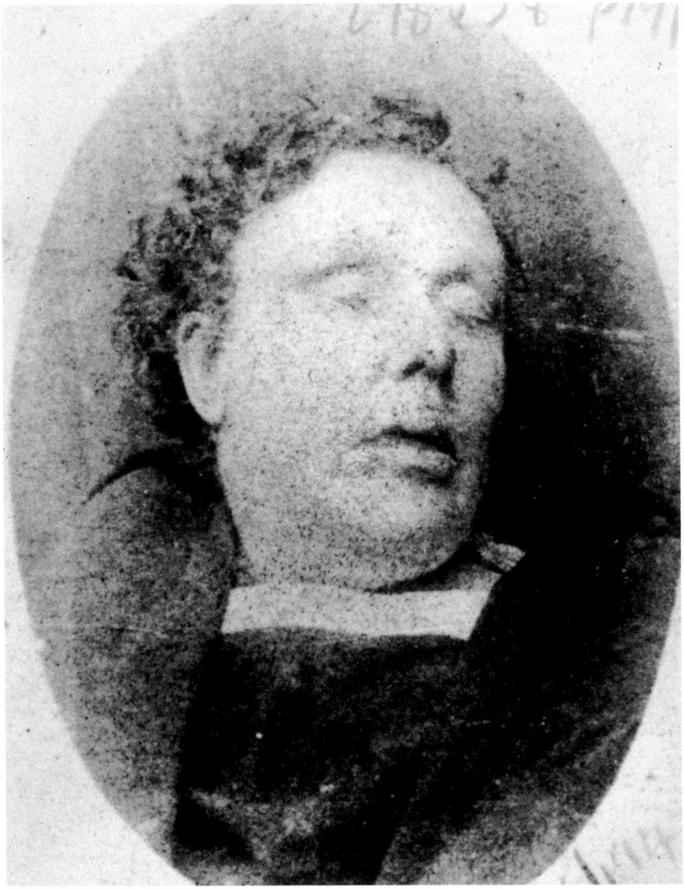

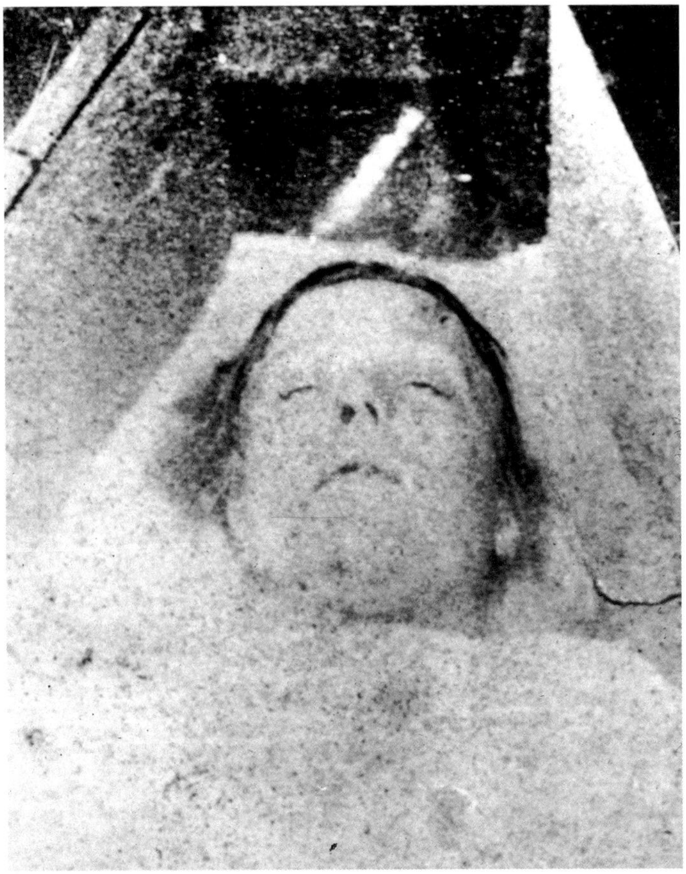

pas m'arrêter avant d'être coffré. Un travail d'artiste le dernier meurtre ! La jeune dame n'a même pas eu le temps de crier. J'ai hâte de recommencer. Vous allez entendre parler de moi et de mes petites manies très bientôt.

Bonne chance,

Sincèrement vôtre,

Jack l'Éventreur »

Elizabeth Stride et Catherine Eddowes furent toutes deux assassinées dans la nuit du 29 au 30 septembre 1888. Le corps de Stride fut découvert vers 1 heure par le barman d'un club de Berner Street, dans le quartier de Whitechapel. Elle avait été égorgée, mais ne portait trace d'aucune autre blessure. On supposa que le tueur avait été interrompu

En haut à gauche : Annie Chapman, assassinée le 8 septembre 1888. En haut à droite : Elizabeth Stride, tuée le 30 septembre 1888. Ci-contre : Mary Ann Nichols, première victime de l'Éventreur, tuée le 31 août 1888. Page opposée : gros titre d'un quotidien londonien annonçant un « horrible meurtre dans l'East End ».

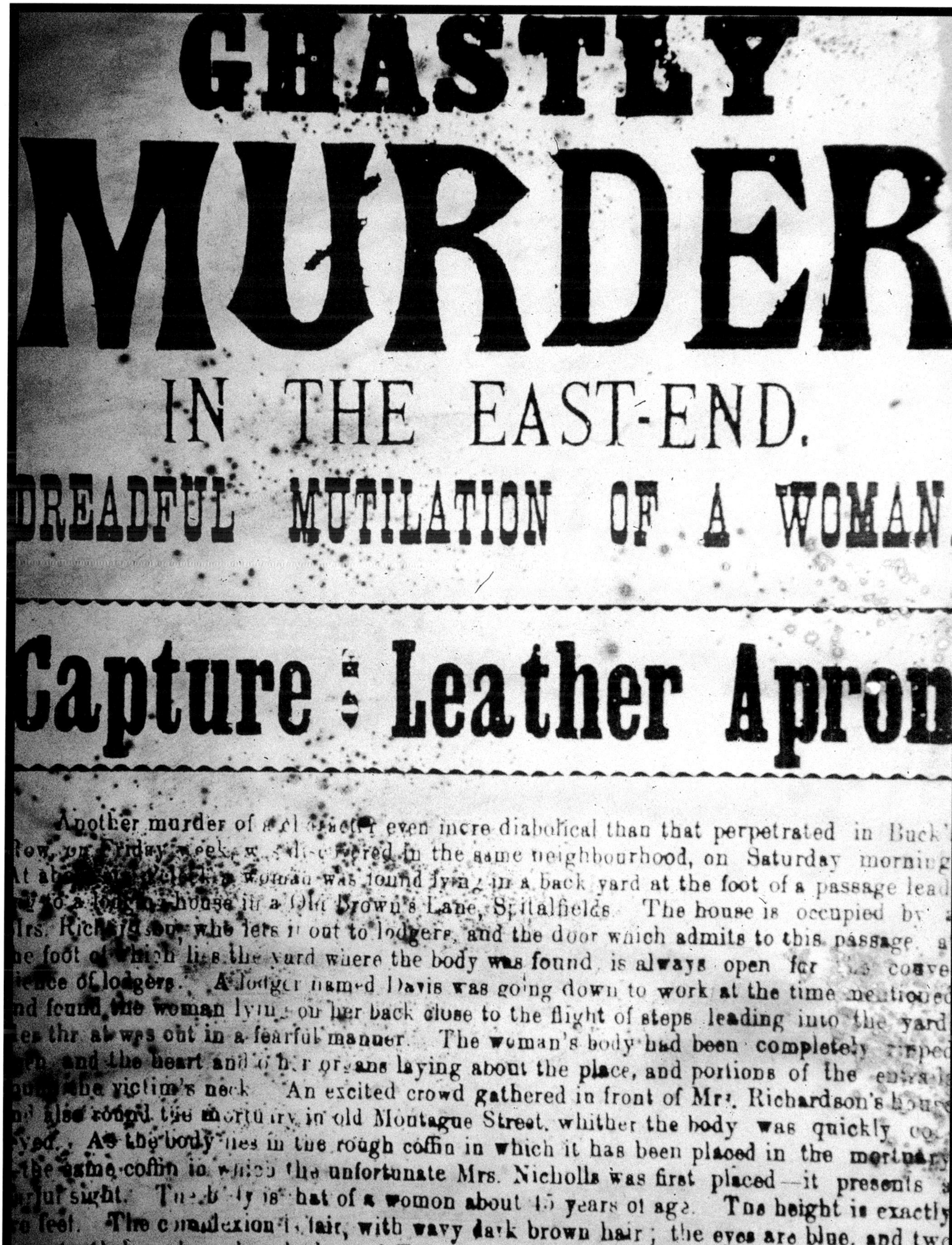

GHASTLY MURDER

IN THE EAST-END.

DREADFUL MUTILATION OF A WOMAN.

Capture : Leather Apron

Another murder of [illegible] even more diabolical than that perpetrated in Buck's
Row, on Friday week, was discovered in the same neighbourhood, on Saturday morning.
At [illegible] a woman was found lying in a back yard at the foot of a passage lead
[illegible] to a lodging house in a Old Brown's Lane, Spitalfields. The house is occupied by
Mrs. Richardson, who lets it out to lodgers, and the door which admits to this passage, a
the foot of which lies the yard where the body was found, is always open for [illegible] conve
nience of lodgers. A lodger named Davis was going down to work at the time mentioned
and found the woman lying on her back close to the flight of steps leading into the yard.
[illegible] throat was cut in a fearful manner. The woman's body had been completely ripped
open, and the heart and other organs laying about the place, and portions of the entrails
round the victim's neck. An excited crowd gathered in front of Mrs. Richardson's house
and also round the mortuary in old Montague Street, whither the body was quickly con
veyed. As the body lies in the rough coffin in which it has been placed in the mortuary
—the same coffin in which the unfortunate Mrs. Nicholls was first placed—it presents a
fearful sight. The body is that of a woman about 45 years of age. The height is exactly
[illegible] feet. The complexion is fair, with wavy dark brown hair; the eyes are blue, and two
[illegible] teeth have been knocked out. The nose is rather large and prominent.

dans sa besogne. Environ une heure plus tard, Catherine Eddowes fut trouvée sans vie dans un coin sombre de Mitre Square, à l'intérieur de la City. Ses blessures étaient similaires à celles reçues par Chapman. Finalement, le 9 novembre 1888, le corps horriblement mutilé d'une prostituée nommée Mary Jane Kelly fut découvert dans la chambre qu'elle habitait non loin de Dorset Street, dans le quartier de Spitalfields.

Dès lors, Jack l'Éventreur accéda au statut de personnage de folklore, et le nombre de ses victimes fut largement exagéré. D'incessantes rumeurs circulèrent sur la personnalité du tueur, identifié, selon l'heure, comme étant un marin, un médecin ou un prêtre. Les analystes modernes ont tour à tour accusé divers personnages de l'époque, dont Lewis Carroll, Francis Thompson, Walter Sickert et James Maybrick (époux de Florence Maybrick), ainsi que plusieurs membres de l'entourage royal, parmi lesquels le docteur William Gull, médecin de la reine Victoria Ire. Ces crimes horribles ne furent jamais élucidés.

En haut à gauche : James Maybrick, riche négociant en coton, longtemps suspecté d'être Jack l'Éventreur. Il mourut empoisonné par sa femme en 1889. En haut à droite : William Gull, médecin personnel de la reine Victoria Ire et autre suspect. Page opposée : l'artère londonienne Buck's Row, scène du premier crime, en 1888.

Curieusement, Jack l'Éventreur rendit un fier service à l'East End londonien. Le 8 septembre 1888, peu après le meurtre d'Annie Chapman, le quotidien *The Daily Telegraph* publia un éditorial consacrée à l'infortunée : « L'âme d'Annie Chapman hante toujours les rues de Whitechapel, ignorée par la justice. Pourtant cette habitante méprisée de Londres n'a pas souffert en vain. Elle a contraint un grand nombre d'individus à s'interroger sur le quotidien de certains de leurs concitoyens et sur la qualité des logements offerts à ceux-ci par la grande et belle cité de Londres. Après tant de décrets votés pour améliorer les conditions de vie des plus démunis, et tant de millions dépensés par diverses commissions, Annie Chapman va sans doute accomplir davantage que cinquante ministres. »

Le conte Barbe-Bleue fut, dit-on, inspiré par la vie du seigneur vendéen Gilles de Ray, accusé, au XVe siècle, de sorcellerie et de meurtres d'enfants. L'histoire de celui qu'on surnomma « le Barbe-Bleue de Gambais » commença durant la Première Guerre mondiale. En 1915, alors âgé de 46 ans, Henri Désiré Landru entama une série d'escroqueries qui allait le conduire à assassiner dix femmes et un adolescent.

Landru était un homme intelligent qui parlait avec aisance et savait user de son charme. À cette époque, il avait déjà été emprisonné à plusieurs reprises et se savait condamné au bagne par contumace. Pour subvenir aux besoins de sa famille, Landru entreprit de séduire des femmes seules, de les pousser à lui remettre leur argent, puis de les éliminer.

L'appât était une petite annonce matrimoniale le décrivant comme un veuf père de deux enfants, disposant d'un revenu confortable et souhaitant faire une rencontre en vue d'un mariage. Ses premières victimes, tuées dans une maison louée à Vernouillet, à une trentaine de kilomètres de Paris, furent Jeanne Cuchet et son fils de dix-sept ans. Trois autres femmes connaîtront le même sort avant que Landru ne déménage à Gambais, autre commune de Seine-et-Oise.

Là, il fit l'acquisition d'une large cuisinière en fonte, puis il attendit quelque temps avant de reprendre ses sinistres activités. En l'espace de deux ans, il commit six autres meurtres, et c'est à cette époque que les voisins remarquèrent, à plusieurs reprises, une fumée âcre et malodorante s'échappant de la maison du tueur.

Landru

Ci-contre : Henri Désiré Landru, accusé du meurtre de dix femmes et d'un adolescent, proclame son innocence au tribunal, novembre 1921.

En 1919, la chance de Landru tourna. À quelques mois d'intervalle, le maire de Gambay reçut deux lettres étrangement similaires. Dans la première, une femme signalait être sans nouvelles de son amie Anna Collomb, récemment installée à Gambay au domicile de son fiancé. Dans la seconde, une autre femme s'inquiétait pour la santé de sa sœur Célestine Buisson, arrivée dans la commune dans les mêmes circonstances. Le maire mit les deux femmes en relation, et il fut bientôt établi que les deux disparues avaient fréquenté le même homme. On déposa une plainte, et quelque temps plus tard, une amie de l'une des victimes reconnut Landru alors qu'il sortait d'un magasin parisien. La police parvint à obtenir son adresse.

Le 12 avril 1919, au petit matin, Landru fut arrêté rue de Rochechouart. Une perquisition menée à la villa de Gambay permit de mettre au jour des cendres contenant des fragments d'os et de dents. Il fallut plus de deux ans pour instruire l'affaire, mais lors du procès, entamé à Versailles le 7 novembre 1921, vingt-cinq minutes seulement furent nécessaires aux jurés pour déclarer l'accusé coupable. Condamné à mort, Landru fut guillotiné le 25 février 1922, deux jours après le refus de son recours en grâce. Le matin de son exécution, il refusa d'entendre la messe et déclina également le traditionnel verre d'alcool offert par ses geôliers. Il mourut sans avoir jamais admis sa culpabilité.

Page opposée : (de gauche à droite à partir du haut) Marie-Thérèse Marchadier, Louise Jaume, Andrée Babelay, Jeanne Cuchet, Thérèse Laborde-Line, Anna Collomb, Célestine Buisson, Anne-Marie Pascal, Marie Guillin, toutes victimes de Landru. Ci-dessus : la cuisinière ayant servi à faire disparaître les corps. Ci-contre : la maison louée par Landru à Gambais.

Peter Kürten naquit non loin de Cologne en 1883, dans une famille de treize enfants. Son père violent et alcoolique connut des démêlés avec la justice pour avoir abusé sexuellement de plusieurs de ses filles. Dès l'âge de neuf ans, Kürten fut suspecté d'avoir provoqué la noyade de deux de ses camarades dans le Rhin. Il commit son premier meurtre durant un cambriolage en 1913, en étranglant une fillette de dix ans.

Un an plus tard, Kürten déserta l'armée allemande. Repris, il fut condamné à la prison et ne retrouva sa liberté qu'en 1921. Après s'être marié avec une ancienne prostituée et avoir vécu quelque temps à Altenbourg, Kürten s'établit à Düsseldorf en 1925 et entama, quelques années plus tard, la série de crimes qui allait faire de lui un homme célèbre.

Le 3 février 1929, il tua une femme de vingt-quatre coups de couteau. Six jours plus tard, le corps affreusement mutilé d'une fillette de huit ans fut découvert au pied d'une haie, et l'on commença à parler dans la presse locale du « vampire de Düsseldorf ». Les meurtres, tous commis à l'aide d'un couteau ou d'un marteau, continuèrent ainsi jusqu'en 1930. En mai de cette année, Kürten fit la connaissance d'une employée de maison nommée Maria Budlick. Il viola la malheureuse au cours d'une promenade dans les bois, mais commit l'erreur de lui laisser la vie. Après quelque temps, Budlick se résolut à mener la police au domicile de Kürten.

Inculpé de neuf meurtres, le vampire de Düsseldorf fut condamné à mort et guillotiné le 2 juillet 1932. Peu de temps avant son exécution, il demanda au psychiatre de la prison s'il lui serait possible d'entendre son propre sang jaillir de sa blessure juste après le passage de la lame. Lorsque le médecin lui indiqua qu'une telle éventualité était possible, Kürten répliqua : « Ce serait le plaisir qui mettrait fin à tous les plaisirs. »

Le vampire de Düsseldorf

Peter Kürten, qui servit sans doute de modèle pour le tueur sadique du film *M le Maudit*, réalisé par Fritz Lang en 1931.

Nul ne sait aujourd'hui si Marie Besnard fut une redoutable empoisonneuse ou une femme innocente injustement accusée de crimes qu'elle n'avait pas commis. De fait, sa prétendue culpabilité ne fut jamais démontrée et elle fut acquittée, au terme de trois procès, le 12 décembre 1961. L'affaire commença le 25 octobre 1947 avec la mort, à Loudun, de Léon Besnard, second mari de Marie Besnard, attribuée à une crise d'urémie. Bientôt pourtant, une certaine Mme Pintou, amie et voisine des époux, fit part de ses doutes aux gendarmes, et il fut décidé de procéder à une exhumation du corps. Dans les viscères de la victime, on découvrit près de 20 mg d'arsenic, ce qui semblait indiquer un empoisonnement.

Après un complément d'enquête, il fut établi qu'en l'espace de vingt ans, pas moins de treize personnes proches de Marie Besnard – amis ou membres de sa famille – étaient décédées à la suite de malaises suspects. Parmi celles-ci figuraient son premier mari, mort en 1927, son père, sa mère, son beau-père, sa belle-mère, une belle-sœur et une cousine. À chaque fois, Marie Besnard avait profité financièrement de ces décès. En 1949, la justice ordonna l'exhumation de douze autres corps et les experts commis firent état de traces d'arsenic au sein des squelettes. Marie Besnard fut inculpée pour assassinats et incarcérée.

La méthode d'analyse, qui datait du XIXe siècle, fut vivement contestée par les défenseurs de l'accusée, au point que lors du premier procès, en 1952, la justice réclama une nouvelle exhumation des squelettes. Cette fois l'examen se révéla peu concluant et Marie Besnard fut remise en liberté provisoire en 1954. Quatre ans plus tard, une troisième exhumation des squelettes fut ordonnée en raison de l'émergence de méthodes de détection de l'arsenic plus modernes et plus fiables. Hélas, le professeur chargé de l'expertise mourut avant d'avoir pu donner son verdict. En 1961, après douze ans de procédure, Marie Besnard fut acquittée.

La Bonne Dame de Loudun

Marie Besnard, accusée des meurtres de onze de ses proches, lors de son second procès, le 10 mars 1954.

Marcel Petiot, né en 1897 à Auxerre, afficha dès son enfance un caractère violent et cruel, et il se fit régulièrement renvoyer des écoles qu'il fréquenta. Au début de la Première Guerre mondiale, la conscription l'envoya au front où il fut blessé et gazé. En 1918, il fut réformé pour troubles mentaux.

Tirant parti de son statut d'ex-militaire, Petiot parvint à obtenir un diplôme de médecin en 1921. L'année suivante, il ouvrit un cabinet non loin d'Auxerre et s'éleva rapidement parmi la bourgeoisie locale, au point d'être élu maire puis conseiller général. À cette époque, une de ses maîtresses disparut mystérieusement, puis une série de vols et détournements le contraignit à quitter la région.

En janvier 1933, Petiot ouvrit un nouveau cabinet à Paris et entreprit d'augmenter ses revenus par la pratique d'avortements et la fourniture de drogues illicites. En 1940, après l'entrée à Paris des troupes allemandes, Petiot déménagea son cabinet au 21, rue Le Sueur et entama une nouvelle activité. Se faisant passer pour un membre de la Résistance, il proposa à ses clients juifs de les faire passer en zone libre contre finance. Certains acceptèrent, payèrent son dû à Petiot et ne furent jamais revus. En mars 1944, des voisins se plaignirent auprès de la police d'une odeur pestilentielle émanant de la demeure du docteur. Après s'être introduit sur les lieux, policiers et pompiers descendirent à la cave et y trouvèrent des os entassés, des débris humains et un bras dépassant d'une chaudière ronflant à plein régime. Dans le garage, d'autres ossements trempaient dans plusieurs bacs emplis de chaux vive.

En fuite sous un pseudonyme, Petiot fut finalement arrêté le 31 octobre 1944 et confondu pour ses méfaits. Il fut condamné à mort pour le meurtre de vingt-six personnes mais revendiqua, durant son procès, une soixantaine de crimes. Le 25 mai 1946, le docteur Petiot mourut sur l'échafaud de la prison de la Santé, à Paris.

Docteur Petiot

Le Dr Marcel Petiot, tueur sadique et assassin de juifs à Paris, durant l'Occupation.

Entre le 20 novembre 1945 et le 1er octobre 1946, la ville allemande de Nuremberg fut le théâtre du procès de vingt-quatre dignitaires du régime nazi. Jamais encore dans l'histoire, les vaincus d'une guerre n'avaient été jugés de façon formelle par leurs vainqueurs, et le choix de Nuremberg, cité emblématique du nazisme triomphant, ne fut pas un hasard. Le tribunal, présidé par le juge britannique Geoffrey Lawrence, comptait quatre procureurs de nationalités américaine, française, soviétique et britannique. Quatre chefs d'accusation – conjuration, crimes contre la paix, crimes de guerre et crimes contre l'humanité – furent retenus contre les accusés, qui furent libres de recruter les défenseurs de leur choix.

À l'issue du procès, douze des accusés furent condamnés à mort, mais dix seulement furent exécutés : Martin Bormann, conseiller d'Hitler et condamné par contumace, périt vraisemblablement à Berlin en mai 1945, tandis que Hermann Göring, ancien maréchal du Reich, parvint à se donner la mort dans sa cellule la veille de son exécution. Hans Frank (gouverneur général de Pologne), Alfred Rosenberg (ministre des territoires occupés de l'Est), Arthur Seyss-Inquart (commissaire du Reich dans les Pays-Bas occupés), Wilhelm Frick (ex-ministre de l'Intérieur), Joachim von Ribbentrop (ministre des Affaires étrangères), Alfred Jodl (chef d'État-major au commandement suprême de la Wehrmacht) et Wilhelm Keitel (commandant suprême de la Wehrmacht) figurèrent parmi les nazis exécutés. Jodl fut blanchi à titre posthume par un tribunal allemand en 1953.

Le Premier ministre britannique Winston Churchill avait réclamé une exécution sommaire pour l'ensemble des responsables nazis, mais les États-Unis, en la personne du président Roosevelt, s'y étaient opposés. Le principe d'un procès mené sous la direction des quatre puissances victorieuses – Royaume-Uni, États-Unis, Union soviétique et France – avait été finalement adopté.

Procès de Nuremberg

Hermann Göring, qui préféra le suicide à l'exécution, converse avec son avocat Otto Stahmer le 23 mars 1946.

Klaus Barbie naquit non loin de Bonn en 1913, dans une famille catholique. En 1933, orphelin de ses deux parents, il rejoignit les Jeunesses hitlériennes. Deux ans plus tard, il devint un membre zélé de la Schutzstaffel, plus connue sous le sigle SS. En 1942, après la capitulation française, Barbie fut envoyé à Lyon, pour y diriger une unité de lutte contre les communistes, le sabotage et les juifs. Il s'installa à l'École de Santé militaire et y fit aménager de sinistres chambres d'interrogatoire.

En juin 1943, les hommes de Barbie capturèrent le résistant René Hardy, qui fut torturé puis relâché, sans doute afin de permettre les arrestations subséquentes de Jean Moulin et Charles Delestraint, hauts responsables du Conseil national de la résistance. Moulin périt sous la torture, tandis que Delestraint fut déporté à Dachau puis exécuté en 1945. Nul ne sait combien de morts Barbie eut sur la conscience, mais il existe des preuves de sa culpabilité pour la déportation de quarante et un enfants juifs raflés dans un foyer à Izieu, Ain, en avril 1944.

En septembre 1944, alors que les troupes alliées se rapprochaient de Lyon, Barbie détruisit les archives de la Gestapo locale et s'enfuit vers l'Allemagne. À l'issue de la guerre, il fut recruté par les services de contre-espionnage américains, qui lui permirent de gagner la Bolivie. Il obtint la nationalité bolivienne en 1957 sous le nom de Klaus Altmann. Certains s'obstinèrent pourtant à retrouver sa trace. En 1972, les époux Beate et Serge Klarsfeld localisèrent l'ancien SS à La Paz. Après onze ans de procédure, Barbie fut finalement extradé vers la France en 1983 afin d'y être jugé. Accusé du meurtre ou de la déportation de huit cent quarante-deux hommes, femmes et enfants, il fut reconnu partiellement coupable et condamné, en 1987, à la réclusion à perpétuité. Le 25 septembre 1991, Klaus Barbie s'éteignit d'une leucémie à l'hôpital de la prison de Lyon.

Le boucher de Lyon

L'ex-officier SS Klaus Barbie émerge de la salle d'audience du tribunal de Lyon le 13 mai 1987.

John Haigh était un homme avenant au sourire charmeur qui décida, après avoir découvert les vertus étonnantes de l'acide sulfurique, de les utiliser à son profit. En février 1949, Haigh, alors âgé de quarante ans et porteur d'un casier judiciaire chargé, habitait une chambre de l'Onslow Court Hotel, dans le quartier londonien de South Kensington. En prévision de ses crimes, imposés par de lourdes pertes au jeu, Haigh avait loué un entrepôt à Crawley, dans la banlieue de Londres, et y avait installé plusieurs larges fûts remplis d'acide sulfurique.

Il fit bientôt la connaissance d'Olive Durand-Deacon, veuve aisée d'une soixante d'années, qui lui fit part de son projet de création d'ongles artificiels. Haigh offrit de l'aider et réussit à l'attirer dans l'entrepôt de Crawley sous prétexte de lui montrer divers produits et équipements. Là, il l'abattit d'une balle dans la nuque, la dépouilla de ses objets de valeur et entreprit de dissoudre son corps dans l'acide. Le processus dura plusieurs jours.

En tant qu'ami connu de la victime, il prit sur lui d'avertir la police de sa disparition, mais les autorités, à la vue de son passé criminel, conçurent d'immédiats soupçons. Au cours d'une fouille de l'entrepôt, les policiers découvrirent l'arme du crime et un récépissé pour le manteau de la victime émanant d'un pressing. À l'extérieur, ils mirent au jour des restes humains et des fragments osseux qui furent identifiés comme appartenant à Mme Durand-Deacon. Haigh fut inculpé pour meurtre.

Durant l'instruction de son procès, il avoua huit autres assassinats, tous réalisés selon la même méthode. Durant les débats, les défenseurs de Haigh tentèrent de plaider l'aliénation mentale. Malgré tout, les preuves qu'il avait tué pour l'appât du gain étaient indiscutables, de sorte qu'il fut reconnu coupable et condamné à mort. Un mois plus tard, le 10 août 1949, John Haig fut pendu à la prison de Wandsworth.

Le meurtrier à l'acide

John Haig, d'humeur apparemment joviale, est conduit au tribunal de Horsham lors de son procès, avril 1949.

Quelque quatre-vingts ans après les horribles meurtres de Jack l'Éventreur dans l'East End londonien, un tueur affublé du surnom de Jack l'Étrangleur répandit la terreur dans l'ouest de Londres. Comme l'Éventreur, l'Étrangleur choisit ses victimes parmi les prostituées, mais il préféra les asphyxier de ses propres mains plutôt que d'utiliser une arme blanche.

De même que son prédécesseur, il ne fut jamais identifié. Les autorités lui attribuèrent formellement six crimes et le déclarèrent l'auteur probable de deux autres. Les victimes se connaissaient sans doute entre elles, et certaines avaient été mêlées à la réalisation de films pornographiques amateurs. La première fut Elizabeth Figg, retrouvée morte non loin de Chiswick le 17 juin 1959, la dernière, Frances Brown, découverte sans vie le 25 novembre 1964, sous deux dalles de béton, derrière un parking du quartier de Kensington. Brown fut retrouvée nue, comme les autres victimes, et son corps portait des marques prouvant qu'elle avait résisté à son agresseur. De plus, la dépouille était partiellement momifiée – ce qui pouvait indiquer qu'elle avait été stockée à proximité d'une source de chaleur – et elle portait de minuscules écailles de peinture semblables à celles retrouvées sur certaines des victimes précédentes.

Sur ces indications, la police entreprit l'exploration des garages automobiles de la banlieue ouest de Londres à la recherche d'indices. Elle finit par lier l'origine des échantillons à un atelier de peinture du quartier d'Acton, dans l'ouest de Londres, et fit de l'un des gardiens du local, un homme de quarante-cinq ans, son principal suspect.

Était-il le coupable ? Sans doute, car les crimes cessèrent après qu'il se fut donné la mort.

Jack l'Étrangleur

Frances Brown, l'une des prostituées londoniennes victimes de Jack l'Étrangleur. Le meurtrier ne fut jamais identifié.

Le 17 novembre 1957, le shérif Arthur Schley et ses adjoints frappèrent à la porte d'une ferme isolée de Plainfield, Wisconsin, dans le nord-est des États-Unis. Un magasin agricole du bourg avait été cambriolé quelque temps auparavant et le propriétaire de la ferme avait été vu rodant sur les lieux le jour de l'incident. Plus inquiétant encore, on était sans nouvelles de Bernice Worden, gérante du magasin, et cette disparition surprenante s'ajoutait à plusieurs intervenues dans la région au cours des dix dernières années. Devant l'absence de l'occupant, les hommes décidèrent de visiter la demeure. À l'intérieur, ils furent accueillis par une insupportable odeur de pourriture et de viande en décomposition.

Alors qu'il pénétrait dans la cuisine armé d'une lampe de poche, le shérif Schley sentit quelque chose heurter son épaule. Il leva la tête et aperçu le corps décapité de Bernice Worden suspendu par les pieds à l'une des poutres. Après ce premier choc, l'exploration se poursuivit et les hommes réalisèrent qu'ils se trouvaient au milieu d'un véritable musée des horreurs. Au nombre de leurs découvertes figurèrent plusieurs bols façonnés dans des crânes humains, des abat-jour formés de peau humaine, une large collection de nez et la tête de Mme Worden dissimulées dans un sac.

Cette effroyable accumulation était l'œuvre d'un homme timide de cinquante et un ans nommé Edward Gein. Gein était arrivé à Plainfield en 1914 en compagnie de ses parents George et Augusta et de son frère aîné Henry. Son père alcoolique décéda en 1940, et son frère mourut dans des conditions suspectes quatre ans plus tard. Alors que les deux frères combattaient un feu de broussailles proche de la ferme, ils se séparèrent et Henry disparut. Edward contacta la police locale, qui trouva le corps d'Henry sur une partie du terrain non atteinte par les flammes. Le corps portait des traces de coups, mais le médecin légiste local conclut à une mort naturelle par asphyxie.

Ed Gein

Edward Gein lors de son arrestation à Plainfield, Wisconsin, le 20 novembre 1957.

En haut à gauche : la ferme d'Edward Gein. En haut à droite : véhicules de police sur la propriété, novembre 1957. Ci-dessus : deux curieux tentent de distinguer des détails macabres à travers les vitres. Page opposée : la cuisine de la ferme, scène de la plupart des horreurs.

Dès lors, Edward vécut sous la domination de sa mère Augusta, croyante fanatique, à qui il vouait une adoration sans limite. Augusta avait toujours dissuadé son fils de se faire des amis et elle lui avait interdit tout commerce avec les filles de son âge. Un an après la mort d'Henry, Augusta décéda à son tour des suites d'un problème cardiaque. Edward fut totalement bouleversé par cette disparition. Il s'installa dans deux des pièces du rez-de-chaussée et résolut d'obstruer les fenêtres des pièces habitées par sa mère et de conserver celles-ci en l'état. Bientôt, influencé par ses lectures, il entreprit d'exhumer des cadavres et de pratiquer des dissections en tirant ses informations d'annonces nécrologiques parues dans le quotidien local. Souvent accompagné d'un simple d'esprit nommé Gus, Ed visitait les tombes, prélevait les corps et les dépeçait. Il avoua plus tard à la police qu'il n'avait jamais tenté d'abuser sexuellement des dépouilles à cause de leur odeur épouvantable. Lorsque son compère fut confié à la garde d'un foyer, Ed passa à l'assassinat.

Les fouilles de la ferme et des terres alentour mirent au jour les restes de dix autres femmes, mais rien n'indiquait qu'elles avaient été assassinées. Après plusieurs jours d'interrogatoire, Gein avoua le meurtre de Bernice Worden et celui de Mary Hogan, tenancière d'une taverne de Plainfield disparue depuis plusieurs années.

KP
Hood

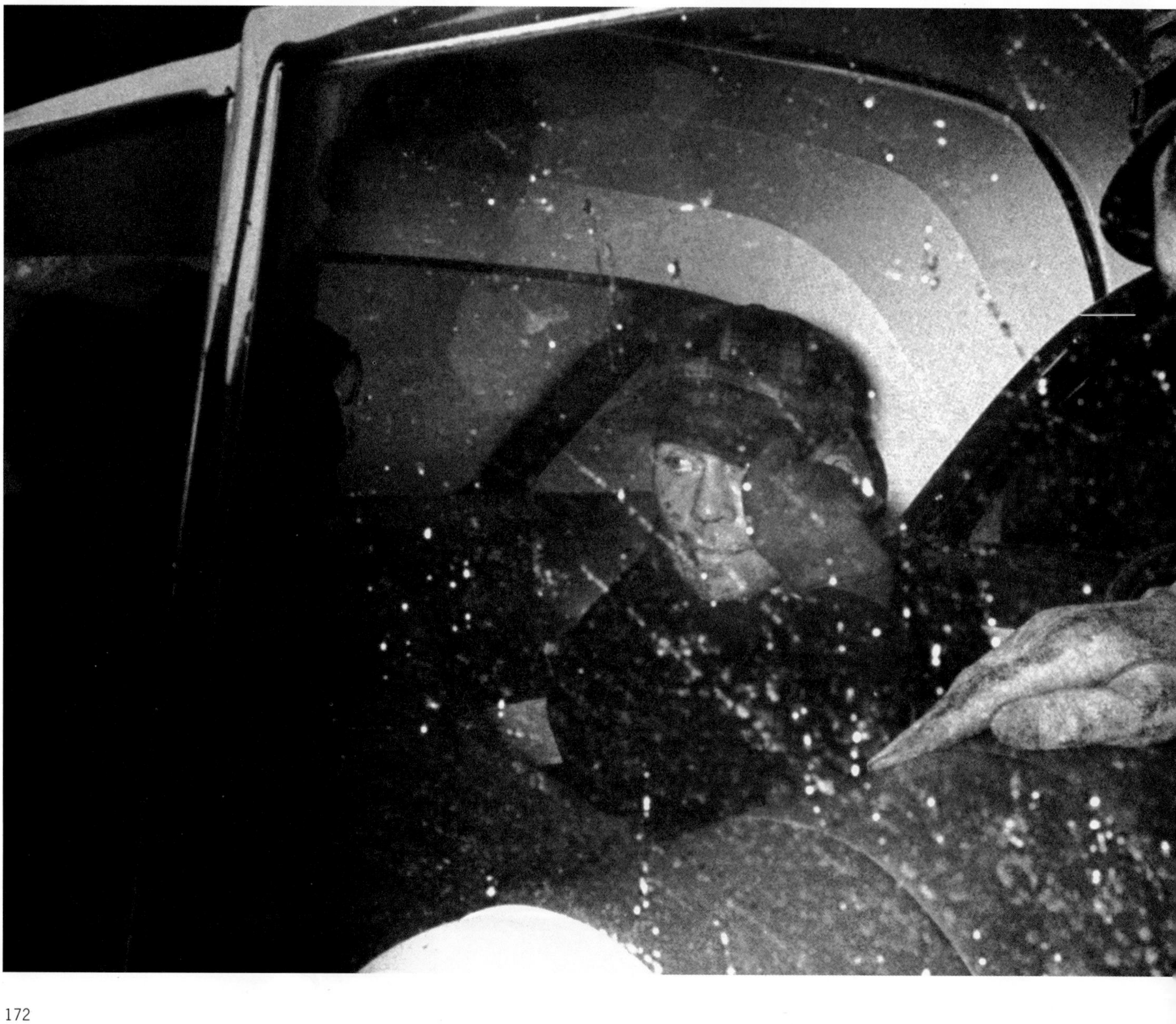

Avant d'être détruite par un incendie en mars 1958, la ferme fut achetée par un entrepreneur peu scrupuleux qui s'empressa d'organiser des visites guidées. Dans le même temps, la Ford utilisée par Gein pour transporter ses trophées fut exposée dans une foire du comté.

Gein lui-même fut déclaré mentalement irresponsable par les psychiatres chargés de l'examiner et placé en résidence dans un hôpital. Dix ans plus tard, il fut déclaré apte à être jugé pour le meurtre de Bernice Worden. Cette fois encore, l'irresponsabilité fut attestée et Gein se trouva renvoyé à l'hôpital. Il y passa le reste de ses jours en patient modèle, consacrant l'essentiel de ses journées à la lecture. Il mourut le 26 juillet 1984 d'un cancer et fut enterré aux côtés de sa mère au cimetière de Plainfield, qu'il avait si souvent visité.

Page opposée en haut (de gauche à droite) : Earl Kileen, procureur chargé de l'affaire ; un fermier voisin qui employa Gein ; Ed Marolla, rédacteur en chef du quotidien local ; Charles Wilson, chef du laboratoire criminel chargé de l'enquête. En haut à gauche : autres voisins de Gein. En haut à droite : funérailles de Bernice Worden. Ci-contre : Ed Gein assis dans une voiture de police après son arrestation.

Au début des années 1960, Ian Brady et Myra Hindley symbolisèrent le mal absolu. Pour beaucoup, le portrait de Hindley – cheveux teints en blond, yeux noirs et menaçants, lèvres boudeuses et habillée, de façon ironique, à la manière d'un agent de police – demeure une incarnation du Diable. Au Royaume-Uni, particulièrement dans le comté du Lancashire, où furent commis les meurtres, citadins horrifiés, hommes de loi et politiciens s'accordèrent tous pour exiger que les meurtriers des Moors demeurent en prison jusqu'à la fin de leurs jours.

L'affaire commença en 1961, lorsque la firme employant Ian Brady recruta une nouvelle secrétaire nommée Myra Hindley. Brady, malin mais d'un niveau d'études peu élevé, était un fervent admirateur de Hitler, de Nietzsche et du marquis de Sade. Hindley tomba sous son charme et ils devinrent amants. Brady dominait sans doute sa compagne, mais elle exerçait également une étrange influence sur lui. D'une certaine façon, les amants formaient les deux ingrédients d'un terrible et menaçant mélange.

Leur premier crime se déroula le 12 juillet 1963 à Manchester. Hindley parvint à persuader une adolescente de seize ans nommée Pauline Read, qui revenait à pied de son cours de danse, de monter dans sa voiture et de l'accompagner jusqu'à la lande de Saddleworth pour y chercher un gant. Là, elle rejoignit Ian Brady, arrivé sur les lieux en motocyclette. L'infortunée fut violée, tuée d'un coup de couteau puis sommairement enterrée. Au cours des deux années suivantes, les tueurs répétèrent cette sinistre routine environ tous les six mois, puis Brady commit une erreur. Pensant que celui-ci était prêt à commettre viols et meurtres, il invita David Smith, beau-frère de Myra, à partager leurs expériences macabres.

Les meurtriers des Moors

Ian Brady et Myra Hindley, amants diaboliques, photographiés par la police britannique en mai 1966.

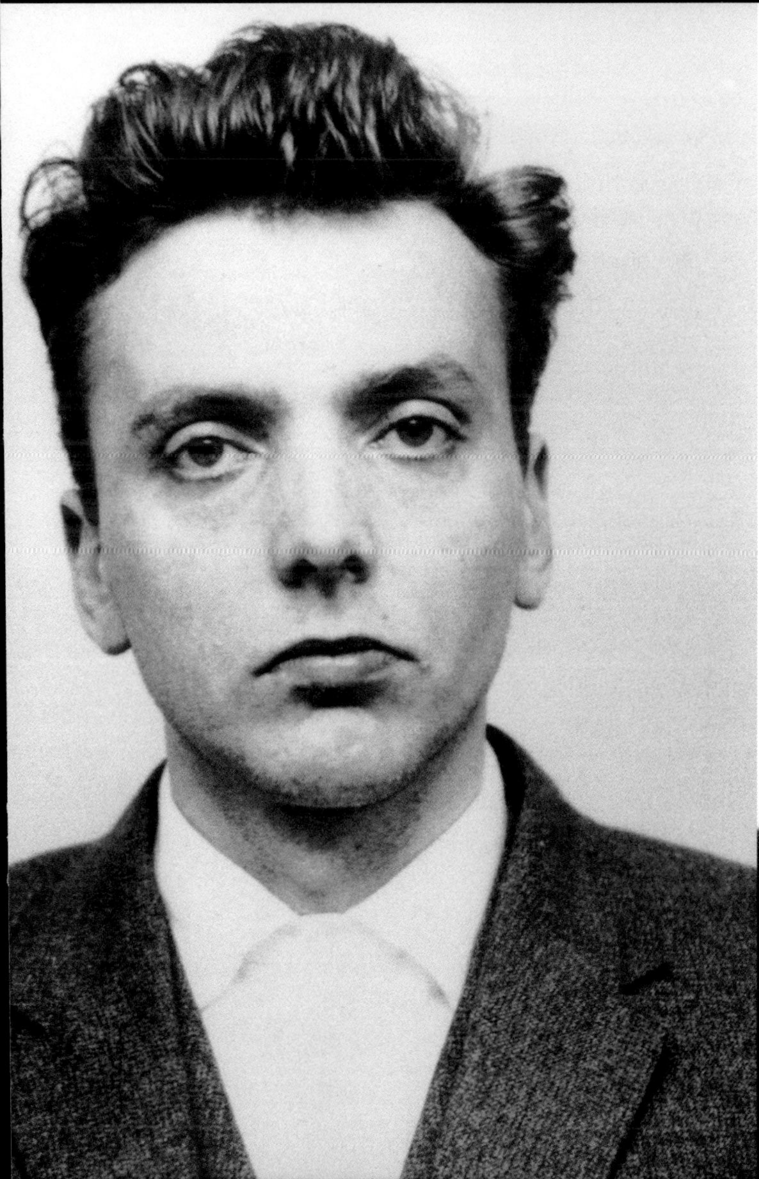

Le 6 octobre 1965, Smith arriva au domicile des amants alors qu'ils venaient d'assassiner à coups de hache un adolescent de dix-sept ans. Horrifié, il aida les tueurs à nettoyer les lieux et à se débarrasser du corps, puis il revint chez lui et raconta la scène à son épouse Maureen, sœur de Myra. Celle-ci le persuada d'appeler la police.

Six mois plus tard, Brady et Hindley furent condamnés à la prison à perpétuité pour leurs meurtres. Lors de leur captivité, ils s'accusèrent mutuellement des crimes. Hindley cessa finalement d'affirmer son innocence en 1983, et elle mourut en prison en 2002 après trente-six années d'incarcération. En 1985, après dix-neuf années d'emprisonnement, Ian Brady fut déclaré mentalement instable et transféré dans un hôpital psychiatrique. Malgré plusieurs longues grèves de la faim, il est encore emprisonné aujourd'hui.

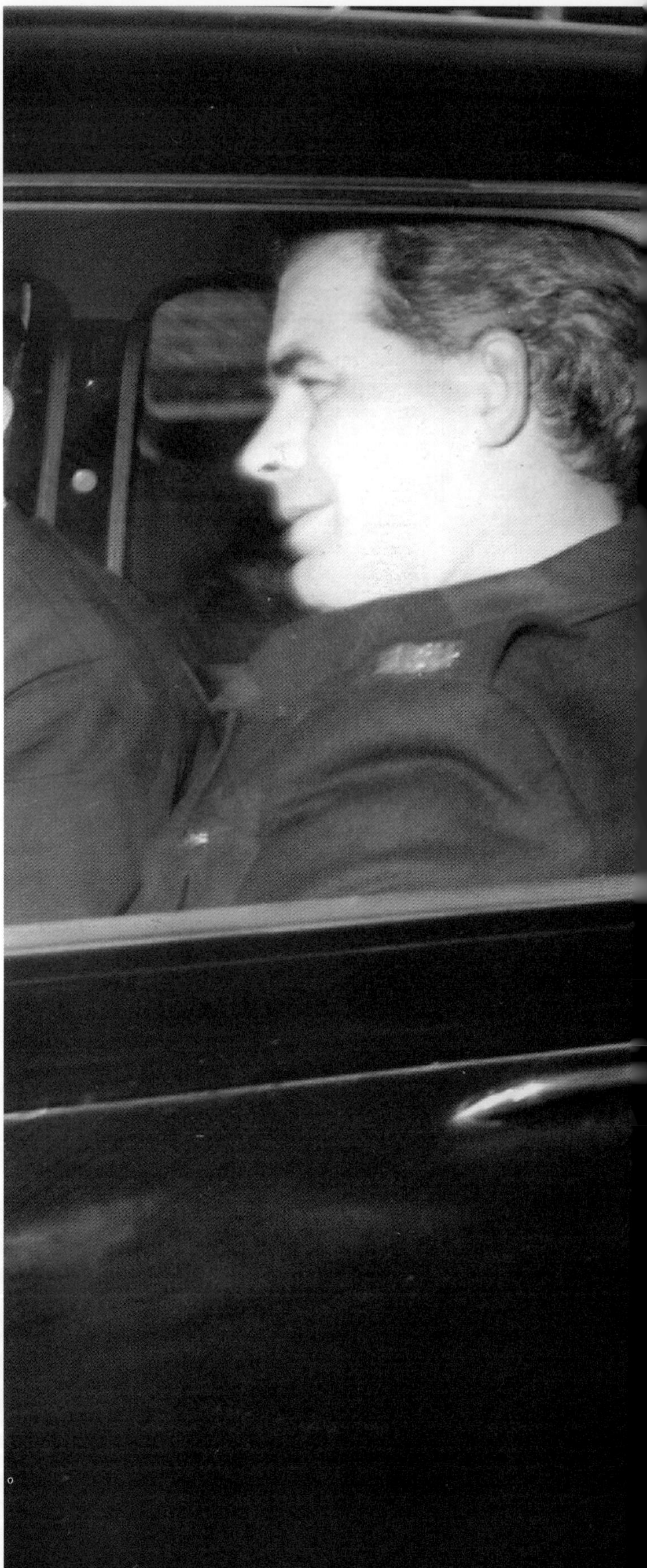

Ci-contre : Ian Brady dans une voiture de police le 22 octobre 1965. À l'inverse de sa compagne, Brady admit sa culpabilité peu après la sentence. En prison, les deux amants s'échangèrent quelques lettres, puis Brady mit brusquement fin à leur relation. Plus tard, il soumit plusieurs demandes officielles visant à ce qu'on le laisse mourir de faim.

Entre le 30 octobre 1975 et le 17 novembre 1980, treize femmes furent sauvagement assassinées dans le nord de l'Angleterre par un tueur que la presse surnomma l'Éventreur du Yorkshire. Sept autres furent gravement blessées lors d'agressions par le même homme. L'examen des corps révéla que chacune des treize victimes avait été frappée à l'aide d'un marteau puis achevée à coups de couteau ou de tournevis. Les premières d'entre elles étaient des prostituées exerçant leur activité dans les bas quartiers de villes du nord de l'Angleterre. Leur sort intéressa peu la presse et le public, et les enquêtes effectuées par la police furent purement de routine.

Tout changea le 26 juin 1977 avec le meurtre à Leeds, dans les mêmes atroces conditions, d'une adolescente de seize ans. Dès lors, les recherches s'intensifièrent, aidées par le fait que le tueur, plusieurs fois interrompu dans sa sinistre besogne, avait laissé de nombreux indices. La police connaissait son groupe sanguin et sa pointure, et elle avait une bonne idée des marque et couleur de son automobile. Lors de son neuvième crime, l'Éventreur paya sa future victime à l'aide d'un billet de cinq livres neuf qui fut identifié comme appartenant à un lot voué au paiement de plusieurs entreprises du Yorkshire. Leurs employés, dont un certain Peter Sutcliffe, furent tous interrogés, mais Sutcliffe fournit un alibi plausible pour le soir du crime.

La police poursuivit son enquête mais se heurta à trois principaux problèmes : la pression du public se faisait de plus en plus importante, particulièrement après l'assassinat d'adolescentes « innocentes » ; les enquêteurs crurent longtemps à l'authenticité d'une bande enregistrée sur laquelle un autre homme – un maçon de Newcastle nommé John Humble, qui fut surnommé Wearside Jack – prétendait être le tueur ; enfin, suite aux indices laissés par l'assassin, le volume des données à traiter était énorme (près de cent soixante-quinze dépositions et environ

L'Éventreur du Yorkshire

Peter Sutcliffe, l'Éventreur du Yorkshire, est conduit en prison, six années après son premier meurtre.

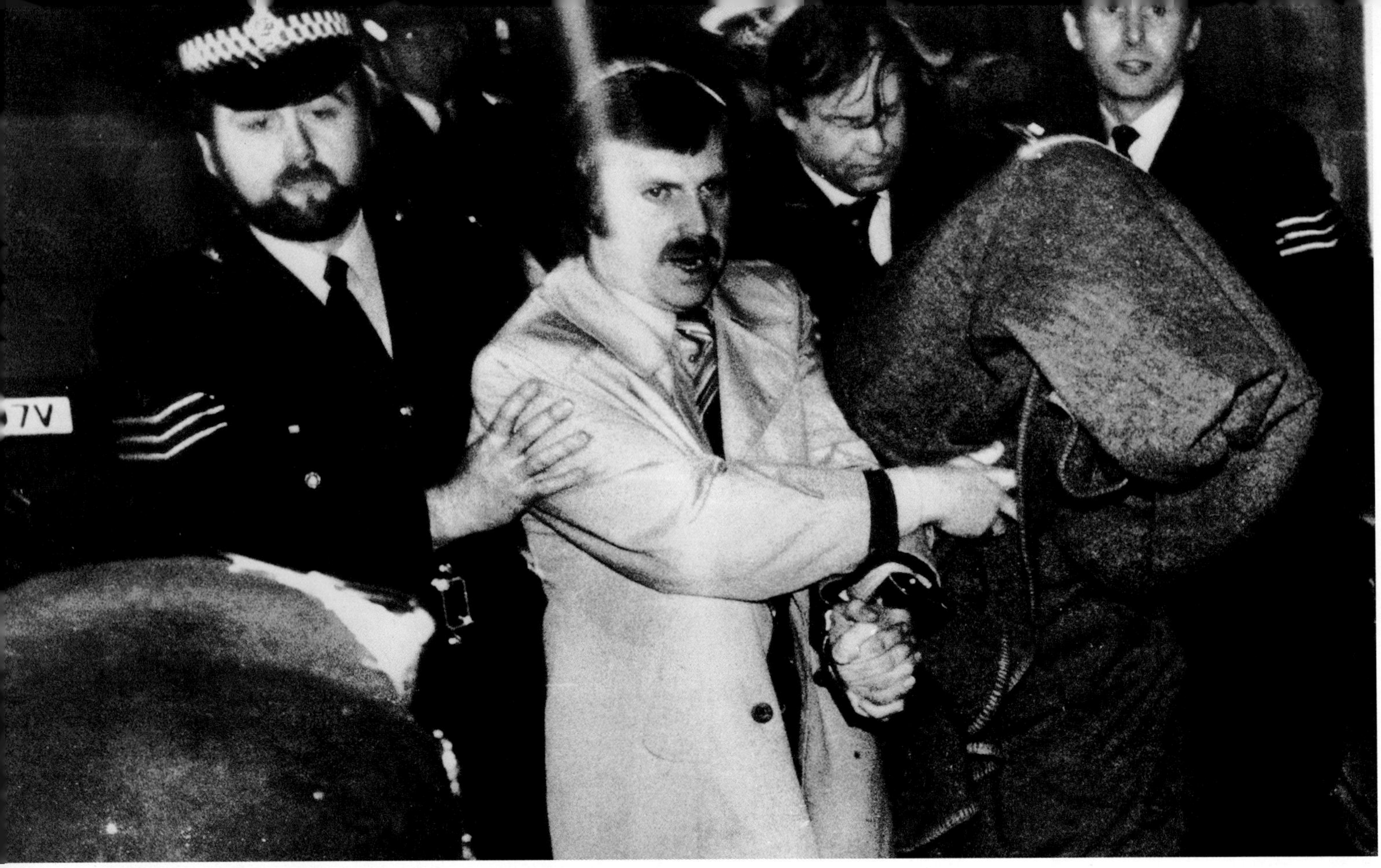

cinq millions de plaques d'immatriculation furent vérifiées). À cette époque, un recoupement rapide des informations était encore impossible.

Finalement, l'Éventreur vit sa chance tourner. Au début du mois de janvier 1981, Sutcliffe prit à son bord une prostituée et gara sa voiture dans une avenue déserte de Sheffield. Deux policiers effectuant un parcours de routine contrôlèrent l'immatriculation du véhicule et découvrirent que les plaques avaient été volées. Sutcliffe fut mené au poste et quelques jours plus tard, après la découverte d'un marteau et d'un couteau dissimulés sur les lieux de son arrestation, il avoua ses crimes.

En haut : Peter Sutcliffe, le visage dissimulé sous une veste, est conduit au tribunal de Dewsbury le 6 janvier 1981. Ci-dessus : une foule de curieux entoure le tribunal durant le procès de Sutcliffe. Page opposée : les treize victimes de l'Éventreur – 1 Wilma McCann, 2 Joan Harrison, 3 Emily Jackson, 4 Irene Richardson, 5 Patricia Atkinson, 6 Jayne MacDonald, 7 Jean Jordan, 8 Helen Rytka, 9 Yvonne Pearson, 10 Vera Millward, 11 Josephine Whitaker, 12 Barbara Leach, 13 Jacqueline Hill. Seules Jayne MacDonald, Josephine Whitaker, Barbara Leach et Jacqueline Hill n'étaient pas des prostituées.

VICTIM 1
Wilma McCann, 28, Leeds prostitute

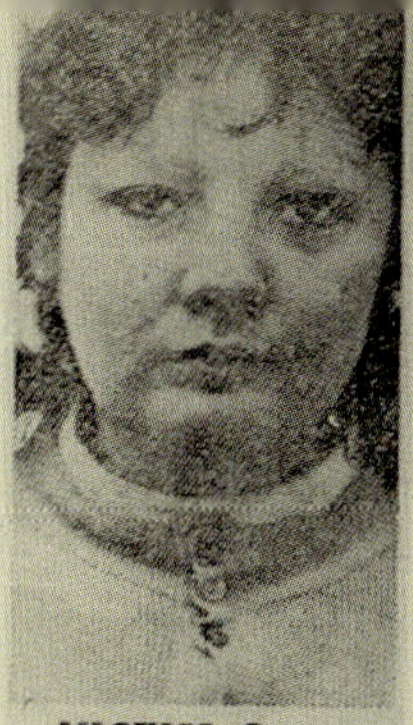

VICTIM 2
Joan Harrison, 26, Preston prostitute

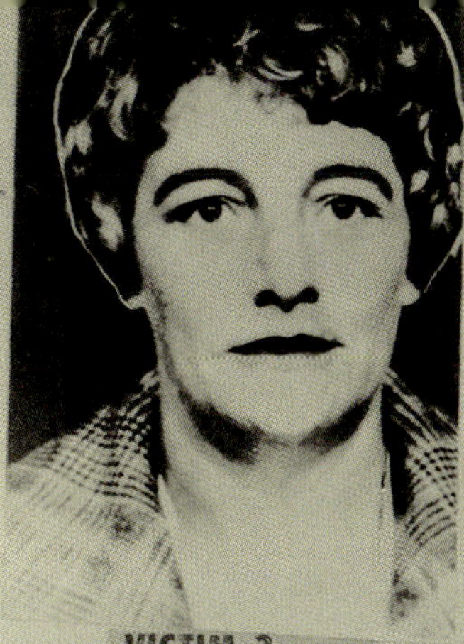

VICTIM 3
Emily Jackson, 42, Leeds prostitute

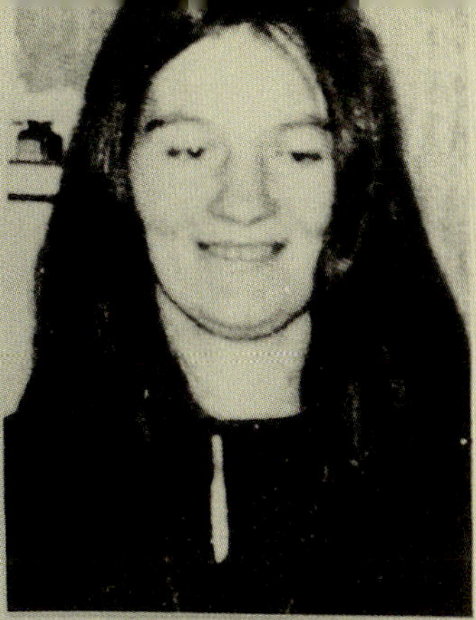

VICTIM 4
Irene Richardson, 28, Leeds prostitute

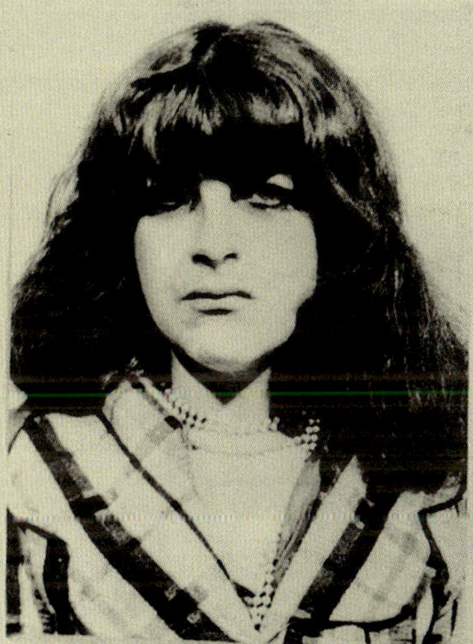

VICTIM 5
Pat Atkinson, 33, Bradford prostitute

VICTIM 6
Jayne McDonald, 16, Leeds shopgirl

VICTIM 7
Jean Royle, prostitute, 21

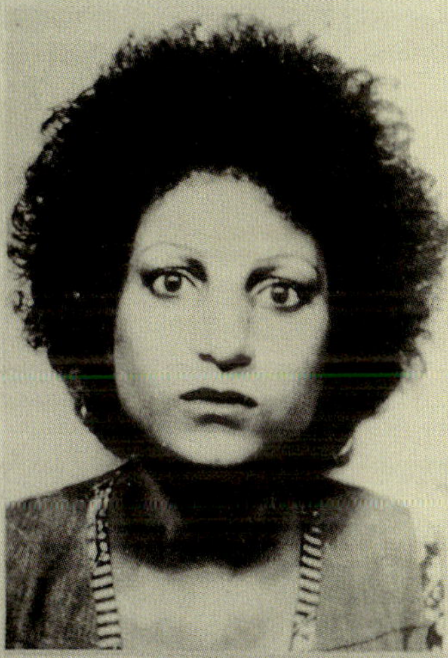

VICTIM 8
Helen Rytka prostitute, 18

VICTIM 9
Yvonne Pearson, 21, Bradford prostitute

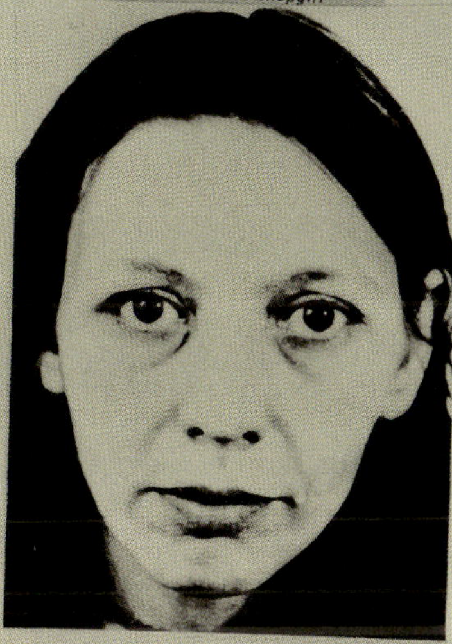

VICTIM 10
Vera Millward, prostitute, 40

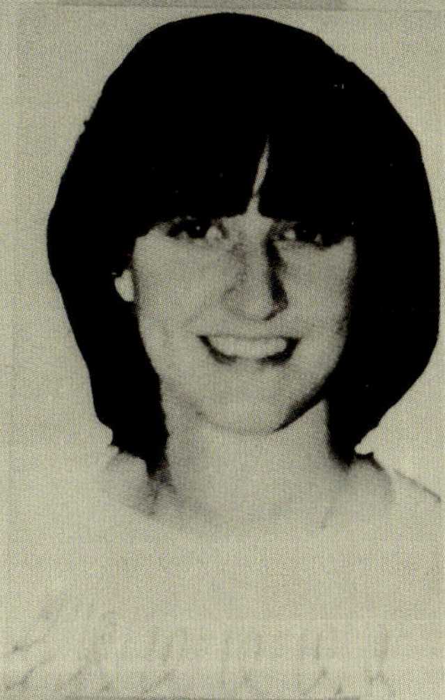

VICTIM 11
Jose Whitaker, 19, Halifax clerk

VICTIM 12
Barbara Leach, 20, Bradford student

Jacqui, the last victim

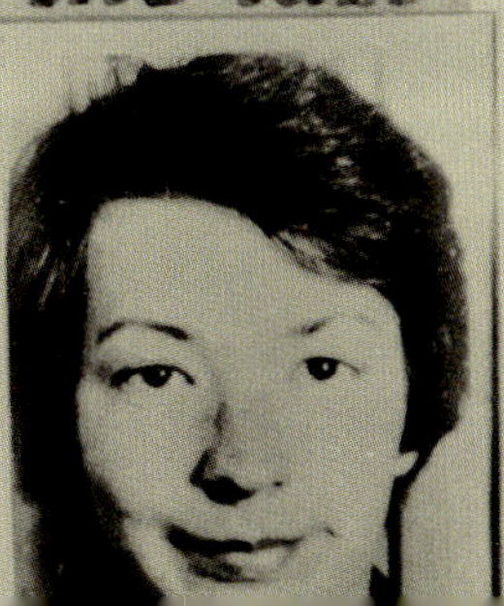

Le soir du 14 novembre 1974, la police locale fut alertée d'un crime commis dans une vaste maison d'Amityville, sur l'île de Long Island, près de New York. Sur place, les policiers découvrirent les corps sans vie de six membres de la famille DeFeo. Le père, la mère, les deux filles et deux des trois fils avaient été tués dans leur sommeil à l'aide d'un fusil de chasse. Interrogé par les enquêteurs, Ronald junior, fils aîné et seul survivant, indiqua qu'une vieille querelle opposait son père à un membre de la mafia locale nommé Louis Falini.

Malgré tout, cette piste semblait peu plausible. Ronald « Butch » DeFeo était un adolescent violent qui consommait de la drogue et possédait plusieurs armes à feu. De plus, il avait menacé son père de mort à plusieurs reprises, la dernière fois moins d'une semaine avant les crimes. Butch s'était construit un solide alibi, mais certains détails de sa déclaration purent être utilisés contre lui.

Finalement, la vérité se fit jour. Le 14 novembre vers 3 heures du matin, Butch s'était rendu dans la chambre de ses parents armé d'un fusil et les avait abattus chacun de deux balles. Il avait ensuite tué de la même manière ses deux frères et ses deux sœurs.

Lors de son procès, un an plus tard, son défenseur tenta de plaider l'irresponsabilité pour aliénation mentale. Appelé à témoigner, Butch déclara : « Lorsque j'ai une arme entre les mains, je sais parfaitement qui je suis. Je suis Dieu. » Malgré tout, il existait des preuves qu'il avait agi de façon raisonnée immédiatement après les meurtres, faisant par exemple disparaître ses vêtements tachés de sang en les jetant dans une bouche d'égout. Il fut déclaré coupable et condamné à vingt-cinq ans de prison pour chacun de ses crimes. Ronald DeFeo demeure aujourd'hui incarcéré dans une prison de l'État de New York.

Horreur à Amityville

L'élégante demeure d'Amityville où Ronald « Butch » DeFeo abattit tous les membres de sa famille le 14 novembre 1974.

108

Durant presque exactement un an, entre le 29 juillet 1976 et le 31 juillet 1977, les habitants du Bronx, du Queens et de Long Island furent terrorisés par une série d'attaques perpétrées à l'aide d'une arme de gros calibre. Le tueur visait en priorité les jeunes couples assis dans une voiture en stationnement et ces agressions semblaient dénuées de motifs.

Le 16 avril 1976, les enquêteurs retrouvèrent sur les lieux d'un nouveau crime une lettre adressée à l'officier de police new-yorkais Joseph Borelli, chargé de l'enquête. Elle commençait par ces mots : « Je ne hais pas les femmes, mais je suis un monstre. Je suis le fils de Sam... » Deux mois plus tard, un journaliste du *Daily News*, quotidien new-yorkais, reçut une nouvelle lettre du tueur laissant présager d'autres crimes.

De fait, le 31 juillet, le tueur frappa de nouveau, causant la mort d'une jeune femme et blessant gravement son compagnon. Cette fois, le fils de Sam commit une erreur fatale. Juste après son méfait, il déchira et jeta une contravention déposée sur le pare-brise de son automobile. Une passante promenant son chien remarqua son manège et nota également qu'il portait une arme.

Avertie, la police identifia le propriétaire du véhicule, un postier nommé David Berkowitz, qui fut rapidement arrêté. Berkowitz fut reconnu comme atteint de troubles mentaux par plusieurs experts. Il déclara qu'il entendait les voix de démons lui ordonnant de tuer, et qu'après ses meurtres, il se sentait envahi d'une puissance indestructible.

À l'issue de son procès, il fut pourtant déclaré sain d'esprit et condamné à trois cent soixante-cinq années d'emprisonnement.

Le fils de Sam

Photo signalétique de David Berkowitz, tueur en série new-yorkais qui s'attribua lui-même le surnom de « fils de Sam ».

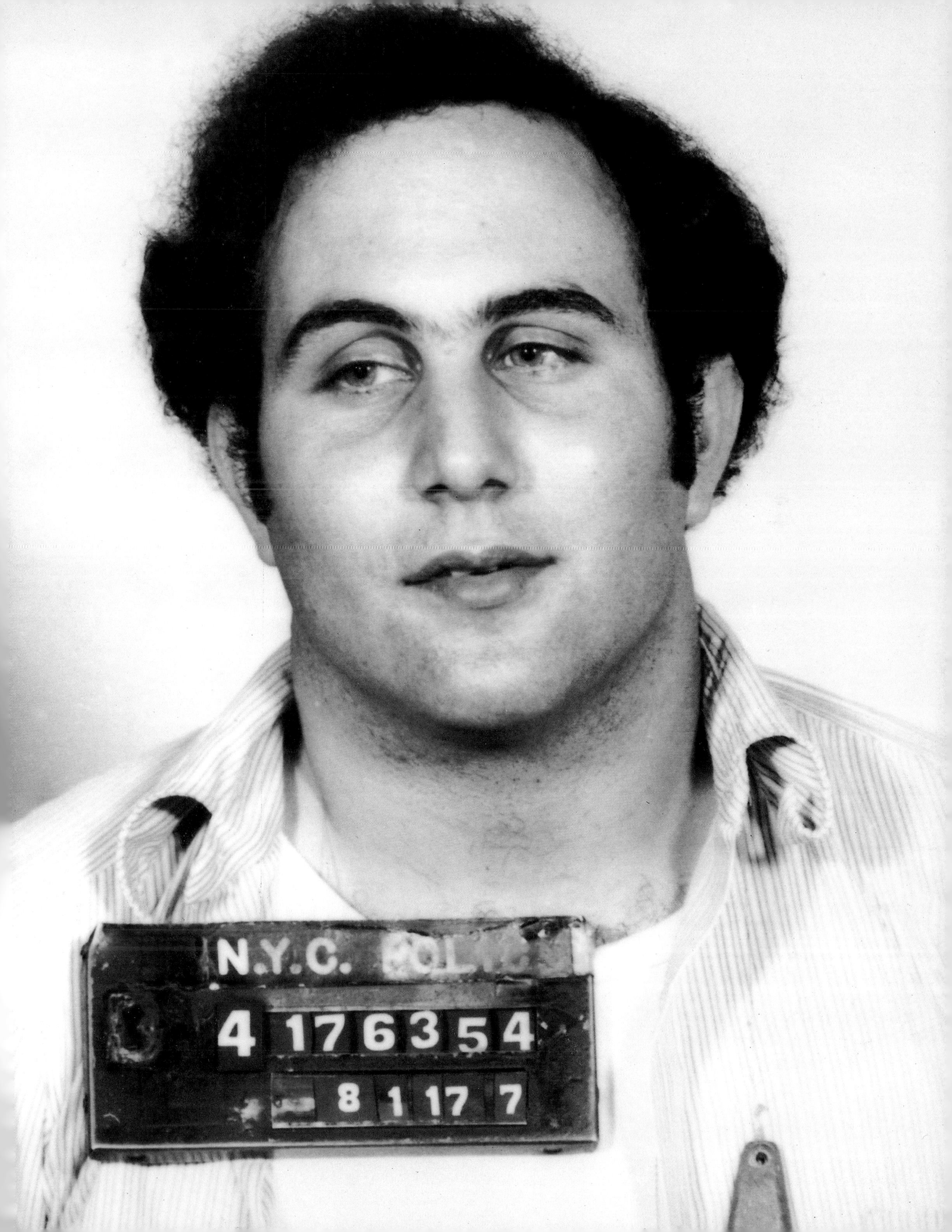
N.Y.C.
4 176354
8 1 17 7

Entre le 17 octobre et le 29 novembre 1977, les policiers de Los Angeles découvrirent les corps sans vie de huit jeunes femmes dans les quartiers résidentiels surplombant la cité californienne. Certains de ces corps étaient dénudés et tous portaient les marques d'une mort par strangulation. Un autre cadavre fut découvert le 13 décembre et deux mois plus tard, le 16 février, une dixième victime fut trouvée dans le coffre d'une automobile de marque Datsun.

Dès les premiers meurtres, les enquêteurs purent déduire qu'ils n'étaient pas le fait d'un homme seul et que les auteurs connaissaient bien les lieux de leurs méfaits. En janvier 1979, l'affaire se trouva relancée par la découverte des corps de deux adolescentes dans une voiture abandonnée non loin de Bellingham, dans l'État de Washington. La police appris que l'une d'elle avait récemment effectué des gardes à domicile pour un agent de sécurité nommé Kenneth Bianchi, et qu'avant de s'installer à Bellingham, Bianchi avait habité à Los Angeles en compagnie d'un cousin nommé Angelo Buono. De forts soupçons pesaient maintenant sur les deux hommes. En 1977, Bianchi et Buono, à cours d'argent, avaient convaincu deux de leurs amies de faire commerce de leurs charmes et avaient fait l'acquisition d'une liste de clients potentiels auprès de deux prostituées, dont Yolanda Washington, leur première victime.

Dès lors, ils avaient continué leurs crimes. Après son arrestation, Bianchi accepta d'impliquer Buono contre la promesse d'être jugé en Californie plutôt que dans l'État de Washington, où il risquait la peine de mort, mais il changea d'avis en prison. De façon étrange, une jeune femme nommée Veronica Compton, amoureuse de Bianchi, tenta de commettre un nouveau meurtre à Washington afin de disculper son amant. Elle échoua dans sa tentative, fut arrêtée et emprisonnée. Le procès des deux cousins dura plus de deux ans. À son issue, Bianchi et Buono furent condamnés à la prison à perpétuité. Buono mourut dans sa cellule de la Calipatria State Prison le 21 septembre 2002.

Les tueurs des collines

Kenneth Bianchi, meneur d'un duo qui commit une série d'horribles meurtres au cours des années 1970.

Andreï Chikatilo naquit le 16 octobre 1936 à Yablochnoye, village d'Ukraine alors intégré à l'Union soviétique. C'était une région et une époque difficiles. L'Ukraine se remettait à peine d'une terrible famine et le frère aîné d'Andreï avait disparu de façon inexpliquée quelques années auparavant. En 1941, Yablochnoye tomba aux mains des nazis lors de l'invasion de l'Ukraine par les troupes allemandes. À cette occasion, le jeune Andreï fut confronté à d'effroyables atrocités.

Enfant, Chikatilo était malingre, myope, solitaire et timide. Il grandit pourtant sans histoire, servit dans l'armée soviétique, obtint un poste de réparateur téléphonique puis se maria et eut deux enfants. Chikatilo se livra à ses premiers abus sexuels alors qu'il avait dépassé la quarantaine, après avoir accepté un poste d'instituteur. Démasqué, il fut contraint de démissionner mais ne subit aucune autre sanction. Dès lors, Chikatilo résolut de tuer pour satisfaire ses pulsions. Sa première victime fut une fillette de neuf ans, que Chikatilo tenta de violer puis frappa de plusieurs coups de couteau. Il fut arrêté, mais innocenté par un alibi fourni par sa femme. Un autre homme fut exécuté pour ce crime.

Trois ans et demi plus tard, obéissant de nouveau à ses morbides instincts, Chikatilo attira une jeune prostituée de Rostov dans les bois, la déshabilla et l'étrangla. Après une pause d'une année, il commit sept autres crimes en l'espace de douze mois.

Un inspecteur de Moscou fut chargé de l'enquête. Il parvint à établir qu'un seul homme était responsable des quatorze meurtres maintenant dénombrés, mais le terme de tueur en série ne fut jamais employé dans la presse – un tel phénomène n'était sensé exister que dans les pays de l'Ouest. Quelque temps plus tard, un officier de police de Rostov surprit Chikatilo approchant plusieurs écolières à un arrêt d'autobus. Chikatilo fut de nouveau interpellé, mais

L'Éventreur de Rostov

Trente des victimes connues assassinées par Andreï Chikatilo entre 1978 et 1990.

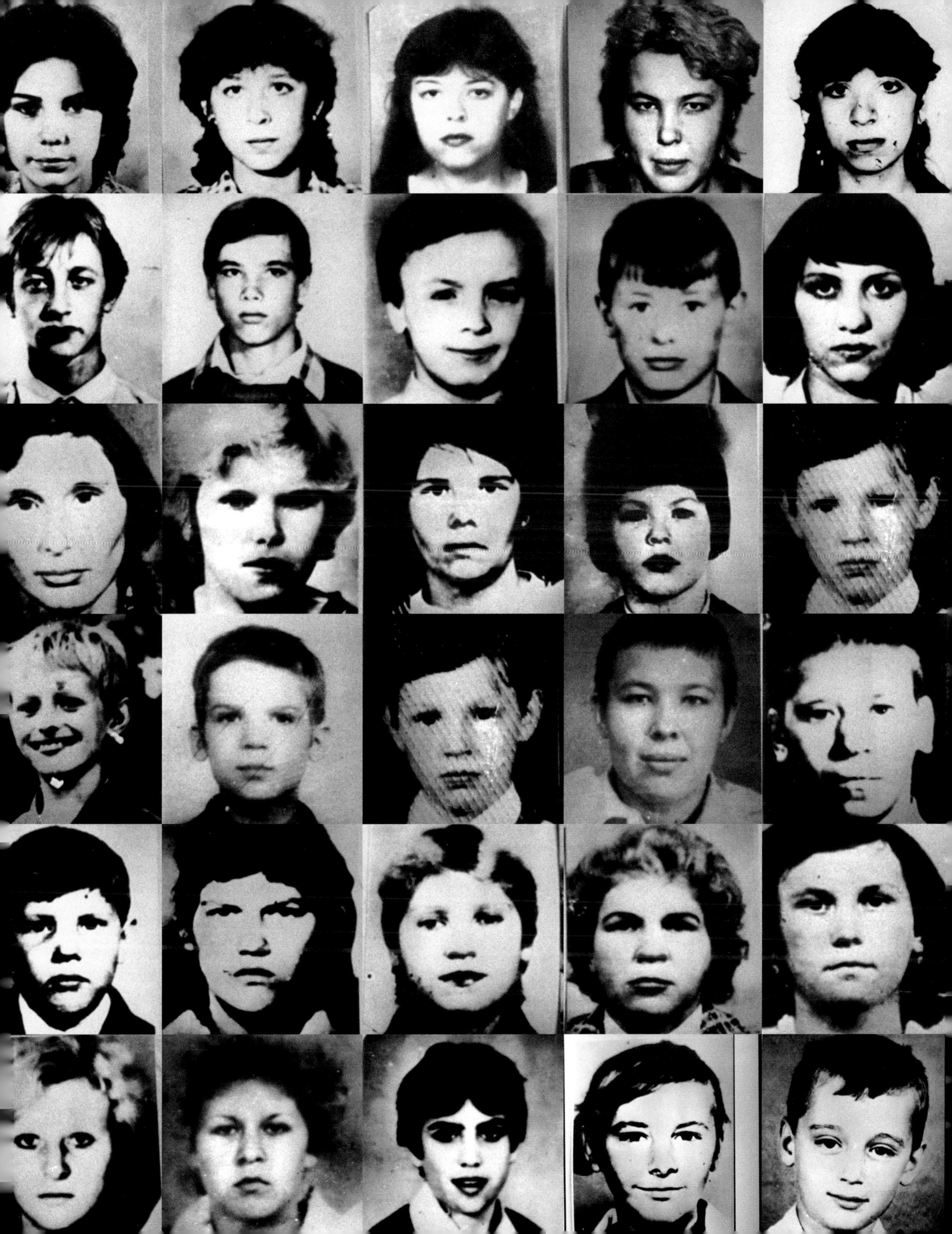

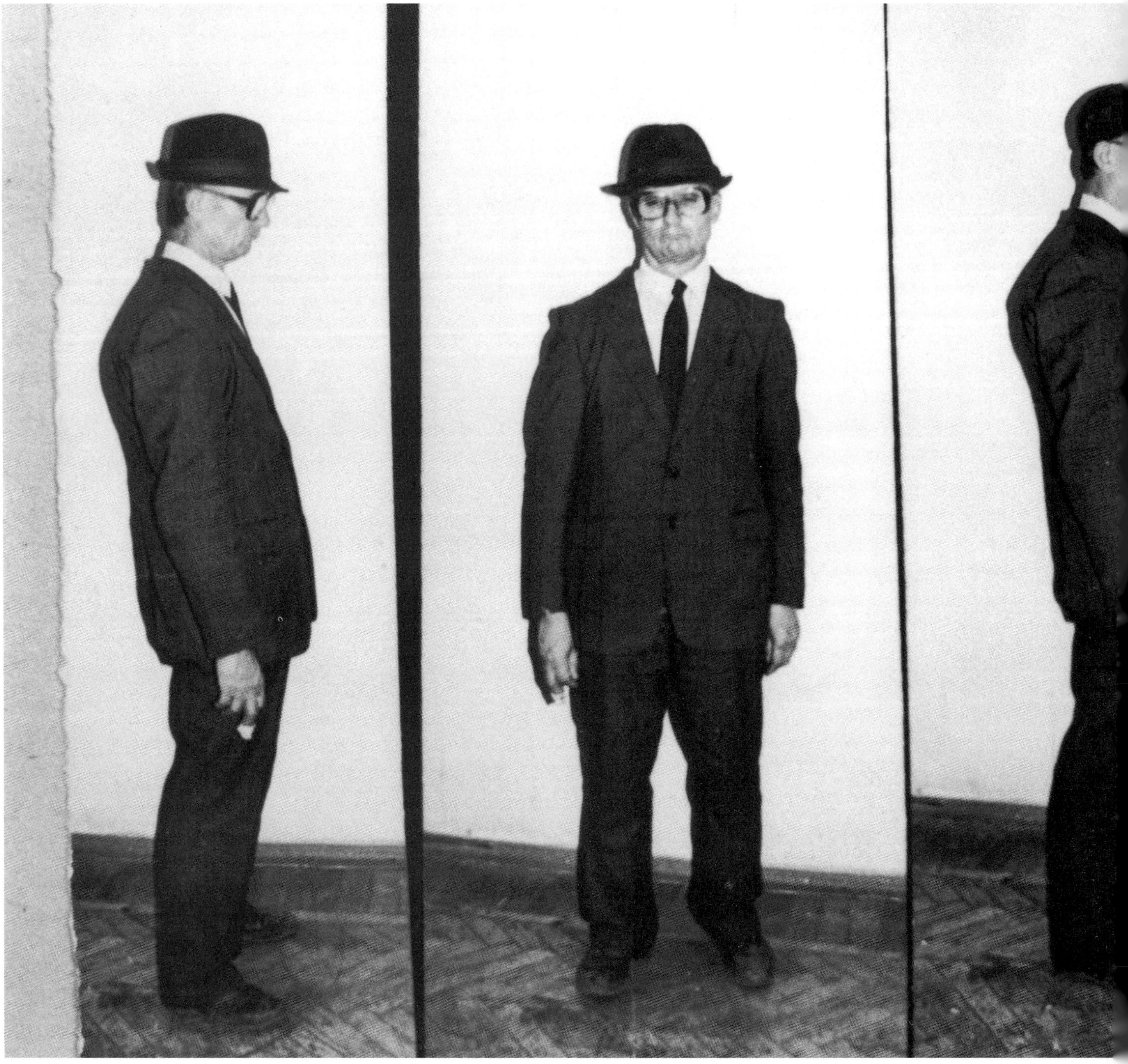

Ci-dessus : photos de Chikatilo prises par la police après son ultime arrestation. Page opposée en haut : l'inspecteur Viktor Burakov, chargé de traquer l'Éventreur de Rostov. Page opposée au centre : la mallette de cuir dans laquelle Chikatilo dissimulait son couteau et son lacet de strangulation.

un test d'ADN mal exécuté le dédouana des crimes. Après un bref séjour en prison, il reprit ses activités. Le 20 novembre 1990, une nouvelle arrestation eut lieu lorsque Chikatilo fut aperçu sur les lieux d'une nouvelle agression. Il subit un long interrogatoire et finit par avouer ses méfaits aux autorités.

À l'issue de son procès, le 15 octobre 1992, Chikatilo fut reconnu coupable de cinquante-deux meurtres. Il fut exécuté d'une balle dans la nuque le 14 février 1994.

Le 22 juillet 1991, deux officiers de police se trouvaient en patrouille dans un quartier mal famé de Milwaukee, dans le nord-est des États-Unis, lorsqu'ils aperçurent un Afro-Américain titubant sur le trottoir, une paire de menottes attachée à l'un de ses poignets. L'homme les conduisit jusqu'à un appartement habité par un certain Jeffrey Dahmer. Celui-ci ouvrit la porte, expliqua calmement aux policiers qu'il s'agissait d'une simple beuverie ayant un peu dégénéré, et offrit d'aller récupérer la clé des menottes dans sa chambre. L'un des officiers le suivit et nota, dans la pièce, la présence de photos de crânes humains à l'intérieur d'un réfrigérateur.

En sortant, il reconnut le réfrigérateur dans la cuisine et eut l'horreur d'y découvrir une tête humaine. Dahmer fut immédiatement maîtrisé par les deux hommes et une fouille en règle de l'appartement put commencer. Elle mit au jour d'autres débris humains, une large quantité de chloroforme et une incroyable collection de photos nécrophiles.

En 1978, alors qu'il allait entrer à l'université, Dahmer avait assassiné sa première victime, un auto-stoppeur rencontré non loin d'Akron, dans l'Ohio. Durant neuf années, il avait réussi à contrôler ses pulsions criminelles, mais il y avait succombé de nouveau en septembre 1987 avec le meurtre d'un homme de vingt-six ans. Durant son dernier mois de liberté, en juillet 1991, Dahmer commit un meurtre par semaine. Au moment de son arrestation, il avait assassiné dix-sept hommes âgés de quatorze à trente-six ans, la plupart homosexuels et tous afro-américains. Pour arriver à ses fins, il invitait sa victime chez lui, l'endormait à l'aide de chloroforme ou d'une boisson allongée de drogue, puis l'étranglait ou la tuait à coups de couteau.

Jeffrey Dahmer

Le cannibale de Milwaukee et conduit au tribunal le 6 août 1991.

Une voisine de Jeffrey Dahmer indique l'appartement où le tueur en série assassina onze de ses victimes, 27 juillet 1991. À cette date, le réfrigérateur avait déjà été déménagé.

Dahmer conservait certaines parties des corps comme trophées et en réservait d'autres à sa consommation. Le reste des dépouilles était dissous dans l'acide, et l'odeur liée à ces opérations était épouvantable. Il tortura également certaines de ses victimes.

Lors de son procès, Dahmer fut installé derrière une barrière métallique de six mètres de haut vouée à le protéger des parents des victimes. La thèse de l'aliénation mentale ne fut pas retenue par les jurés et le meurtrier cannibale fut condamné à neuf cent cinquante-sept années de prison. Après seulement deux ans, il fut assassiné par l'un de ses codétenus. Plus tard, afin d'éviter l'exploitation commerciale des objets liés à l'affaire, la ville de Milwaukee réunit la somme de quatre cent mille dollars pour en faire l'acquisition et les détruire.

Il fallut plusieurs mois à l'inspectrice Hazel Savage pour convaincre ses supérieurs d'obtenir un mandat de perquisition et de fouiller l'arrière-cour d'une maison située au 25, Cromwell Street, à Gloucester. Savage était convaincue d'y découvrir la dépouille d'Heather West, fille des propriétaires Fred et Rosemary West. Heather avait disparu sept années auparavant, alors qu'elle revenait du lycée. Les époux West maintenaient qu'elle avait trouvé un emploi dans un camp de vacances du Devon, mais Savage avait noté que le numéro de sécurité sociale de la jeune fille n'avait jamais été utilisé depuis sa disparition, ni pour une recherche d'emploi, ni pour l'obtention d'allocations.

Le 25 février 1994, les fouilles enfin organisées permirent de mettre au jour les premiers ossements. Fred West fut aussitôt incarcéré. Il avoua bientôt l'assassinat de sa fille, mais insista sur l'innocence de Rosemary, son épouse. Quelques jours plus tard, il accepta de dévoiler à la police l'emplacement des corps de deux autres victimes, mais il négligea de mentionner six autres cadavres enfouis sous la cave et la salle de bains de la maison.

Fred West confessa finalement douze crimes, un chiffre sans doute inférieur à la réalité. En 1967, pour son premier meurtre, West avait tué Ann McFall, sa maîtresse enceinte de huit mois, et il avait enfoui son corps dans un champ non loin du pittoresque village de Much Marcle. La première victime du couple fut leur première fille, dont la dépouille fut retrouvée sous une maison de Midland Road, à Gloucester. Les restes des neuf autres victimes furent tous découverts au 25, Cromwell Street. Toutes étaient des jeunes femmes – auto-stoppeuses, fugueuses ou locataires de passage – entrées de façon funeste dans la vie des époux West. Les plus chanceuses connurent une mort rapide, les autres subirent des tortures effroyables.

Fred et Rosemary West

Fred et Rosemary West photographiés par la police le jour de leur arrestation, le 22 novembre 1994.

En dépit des affirmations de Fred West, la police était persuadée de la culpabilité de son épouse. Deux mois après la découverte des premiers corps, elle fut arrêtée et inculpée d'abus sexuel. Dès lors, la photo des époux souriants et sereins au milieu de leur confortable logement – monstres de dépravation portant l'apparence du bonheur – s'afficha à la une de tous les journaux et sur toutes les chaînes de télévision.

Le 1er janvier 1995, Fred West se pendit dans sa cellule de la prison de Winson Green. En octobre de la même année, Rosemary West fut reconnue coupable de dix meurtres et condamnée à la réclusion criminelle à perpétuité. Un an plus tard, la maison de Cromwell Street s'écroulait sous les coups des démolisseurs.

Ci-contre : une boîte contenant des ossements humains découverts au 25, Cromwell Street est emportée par la police, le 4 mars 1994. Après la mise au jour des premiers ossements, le médecin légiste Bernard Knight identifia trois fémurs distincts, ce qui indiquait la présence d'au moins un autre corps. Les fouilles durèrent plusieurs mois et attirèrent des équipes de télévision du monde entier.

25
Cromwell
St
1368
POLIC

De nombreux médecins ont été soupçonnés, à tort ou à raison, d'actes délibérés visant à donner la mort. De par sa profession, un médecin se trouve fréquemment en contact avec des personnes vulnérables, et il possède les moyens matériels de les éliminer s'il en ressent le désir. Harold Shipman, médecin anglais installé successivement à Todmorden, dans le Yorkshire, puis à Hyde, dans la banlieue de Manchester, ressentit ce désir à maintes reprises.

Dans un rapport publié en 2005 par les autorités britanniques, le nombre de patients tués par Shipman est estimé à au moins deux cent cinquante. Le juge Janet Smith, auteur du document, y indique : « Je pense qu'il a tué des patients afin d'éviter d'être appelé au milieu de la nuit. Il a également tué des patients en phase terminale afin de libérer des lits pour d'autres malades. Une autre raison pour ces meurtres est qu'il considérait certains de ces patients comme indignes de vivre. » Le compte tenu par Shipman dépasse celui du rapport : en prison, il avoua avoir donné la mort à cinq cent huit patients.

Shipman commit son premier crime un an seulement après avoir obtenu son diplôme, et lorsqu'il s'installa à Hyde, à l'âge de trente et un ans, tuer était devenu pour lui une habitude. En 1985, la police enquêta sur la mort suspecte de l'un de ses malades, mais aucune sanction ne fut prise. Les meurtres se poursuivirent.

Le 24 juin 1998, Kathleen Grundy, âgée de quatre-vingt-un ans, décéda de façon subite. Sa fille découvrit que, peu de temps avant sa mort, elle avait rédigé un testament faisant de Shipman son unique légataire. Après autopsie du corps, Harold Shipman fut inculpé pour meurtre, et l'examen des dépouilles de neuf autres de ses patients révéla que ce crime n'était pas un acte isolé. Le 13 janvier 2004, le docteur Shipman fut retrouvé pendu dans sa cellule.

Dr Harold Shipman

Photo signalétique du docteur Shipman, surnommé « le docteur de la mort ». Nul ne connaît le nombre exact de ses victimes.

Assassinats politiques

Le 6 octobre 1981, le président égyptien Anouar El-Sadate est assassiné par un groupe d'islamistes fondamentalistes lors d'une parade militaire au Caire.

L'assassinat de Lincoln

Le 9 avril 1865, le général Robert Lee, chef des armées sudistes, se rendit au général Ulysses Grant, chef des armées nordistes, à Appomattox, dans l'État de Virginie. Cette capitulation marquait la fin de la guerre de Sécession, mais un intense ressentiment demeurait dans les deux camps. Dès lors, la principale tâche du président Abraham Lincoln fut de réinstaurer la paix au sein d'une nation divisée. Le 14 avril 1865, lors d'un long discours sur l'amnistie et la réconciliation, il déclara que les États du Sud devaient renouer leurs relations avec l'Union le plus rapidement possible. Au soir de ce discours, Lincoln avait prévu d'assister à une représentation de la pièce *Our American Cousin* au Ford's Theatre, à Washington.

À l'insu du président et des autorités, un groupe de conspirateurs avait planifié, quelques mois auparavant, l'enlèvement du président et son échange contre la libération de prisonniers sudistes. La fin de la guerre rendant cette action inutile, les conspirateurs décidèrent d'assassiner le président Lincoln et plusieurs membres de son entourage. Le matin du 14 avril, leur chef, un acteur nommé John Wilkes Booth, se rendit au Ford's Theater et apprit que le président y était attendu le soir même. Les conspirateurs se réunirent immédiatement dans une pension tenue par Mary Surratt et entreprirent de passer à l'action : il fut décidé que Booth se chargerait de Lincoln, George Atzerodt du vice-président Andrew Johnson, et Lewis Paine et David Herold du ministre des Affaires étrangères William Seward. Les meurtres furent programmés à 22 h 15.

À 20 h 30, Lincoln et son épouse, accompagnés de leurs amis Clara Harris et Henry Rathbone, arrivèrent au théâtre. Booth s'y présenta une heure plus tard. Il ordonna à un commis de veiller sur son cheval dans une allée à l'arrière du théâtre, puis alla boire quelques verres au saloon voisin afin de se donner du courage. Il revint au théâtre vers 22 h 10 et,

John Wilkes Booth, l'homme qui tua le président Abraham Lincoln.

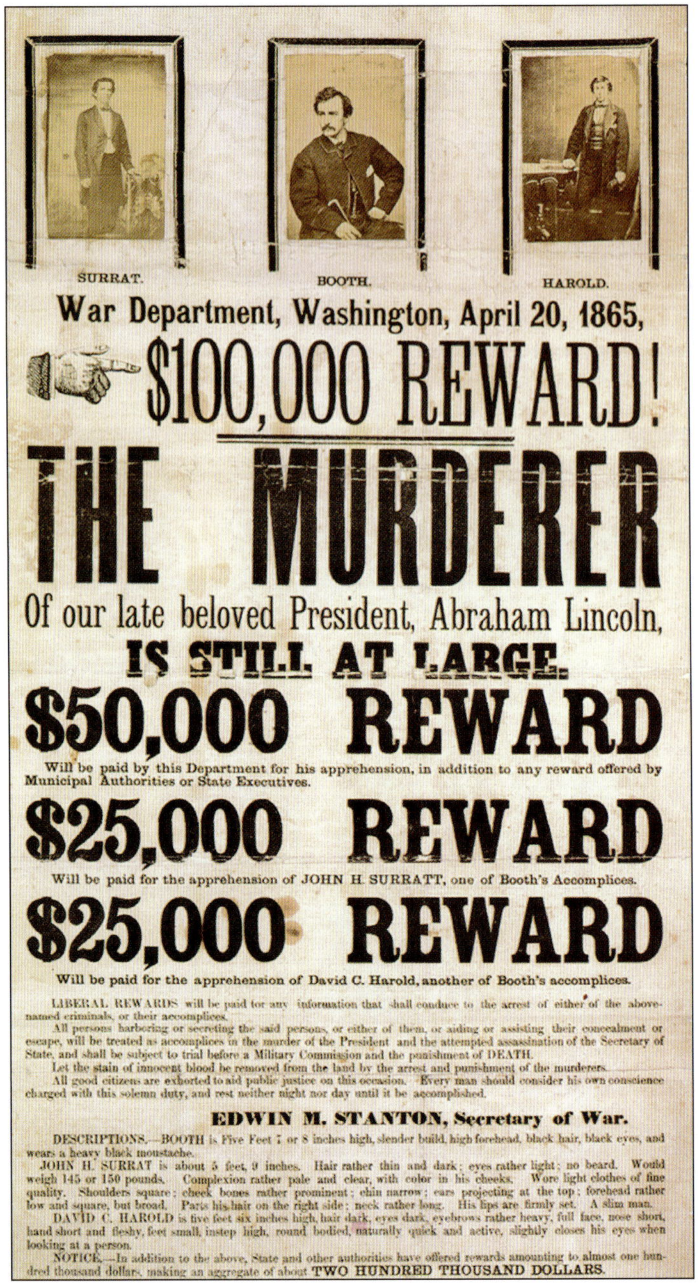

connaissant bien les lieux, n'eut aucun mal à trouver son chemin vers la loge présidentielle. Par chance, John Parker, garde du corps particulier d'Abraham Lincoln, avait momentanément quitté son poste. Booth sortit son pistolet Derringer, pénétra dans la loge, abattit Lincoln à bout portant d'une balle dans la nuque, blessa Rathbone d'un coup de couteau puis sauta sur la scène quatre mètres en contrebas, se fracturant le péroné gauche à la réception. Devant le millier de spectateurs présents, et alors que Mme Lincoln hurlait sans discontinuer, Booth brandit son couteau vers l'assistance et s'exclama : « Mort au tyran ! » Il sortit ensuite en boitant du théâtre par une porte arrière et s'enfuit à cheval. Dans la salle, un docteur se précipita au chevet du président et découvrit que la balle se trouvait encore logée dans le crâne. Lincoln était paralysé et pouvait à peine respirer. Transporté dans une maison en face du théâtre, il y mourut neuf heures plus tard sans avoir repris connaissance.

Booth galopa dans la nuit jusqu'à Surratsville, ou il rejoignit Herold, puis les deux hommes se rendirent au domicile du docteur Samuel Mudd, qui soigna la fracture de l'acteur. Le lendemain après-midi, Booth et Herold reprirent leur route

En haut à gauche : portrait de Lincoln le 8 novembre 1863. Ci-dessus : affiche offrant cent mille dollars pour la capture de Booth. Page opposée en haut : la loge présidentielle du Ford's Theatre quelque temps après l'assassinat. En bas (de gauche à droite) : les conspirateurs David Herold, Michael O'Laughlin, Edman Spangler, Samuel Arnold, George Atzerodt et Lewis Paine.

Officiels, soldats et journalistes assistent à l'exécution de Mary Surratt, Lewis Paine, George Atzerodt et David Herold (de gauche à droite), quatre des conspirateurs impliqués dans l'assassinat de Lincoln, 7 juillet 1865.

vers le Sud. Onze jours plus tard, les autorités fédérales encerclèrent une ferme de l'État de Virginie où ils avaient trouvé refuge. Booth se donna la mort et Herold se rendit. Les autres conspirateurs furent bientôt arrêtés et quatre d'entre eux – Herold, Paine, Atzerodt et Mary Surratt – furent pendus à Washington le 7 juillet 1865.

L'objectif de Booth était de plonger le gouvernement fédéral dans le chaos et de relancer ainsi la cause des

sudistes. Il était trop tard. La guerre était bien finie, et Booth et ses compagnons parvinrent seulement à en attiser les rancunes. Le soir du complot, Atzerodt avait renoncé à son attaque contre le vice-président. Quant à Paine, il avait porté deux coups de couteau à la gorge de William Seward, mais le ministre avait été sauvé par son corset de métal. Le pays fut choqué par la mort de Lincoln, mais les affaires reprirent bientôt leur cours normal sous l'autorité d'Andrew Johnson, devenu président.

Le dimanche 28 juin 1914, peu avant 10 heures, l'archiduc François-Ferdinand d'Autriche, héritier du trône de l'Empire austro-hongrois, arriva par train spécial à Sarajevo, capitale de la province de Bosnie-Herzégovine, afin de diriger des manœuvres militaires organisées dans les montagnes environnantes. François-Ferdinand, accompagné de son épouse l'archiduchesse Sophie, manifestait une humeur joviale. Il était heureux de quitter l'atmosphère étouffante de la cour impériale de Vienne, dont il estimait qu'elle accordait bien peu de respect à son épouse. Bien qu'issue d'une famille noble de Bohême, Sophie Chotek von Chotkowa n'avait jamais été considérée comme un parti convenable pour le futur empereur. À Vienne, il lui était interdit de s'afficher aux côtés de son mari dans une automobile, ni même dans la loge impériale de l'Opéra.

À Sarajevo, le protocole était différent, et le gouverneur local, le général Oskar Potiorek, avait insisté sur le fait que l'archiduchesse se trouvait plus que bienvenue en Bosnie. Les deux époux allaient pouvoir passer une agréable journée ensemble. François-Ferdinand et Sophie s'installèrent à bord d'une large automobile décapotable qui devait les mener de la gare à l'hôtel de ville, où une réception avait été organisée en leur honneur. Ils ignoraient alors que neuf nationalistes serbes s'étaient placés le long du parcours officiel.

Alors que le cortège passait à proximité de l'un d'eux, un certain Nedeljko Cabrinovic, celui-ci jeta une grenade vers l'automobile impériale. Apercevant son geste, le chauffeur eut la présence d'esprit d'accélérer. La grenade explosa sous la voiture suivante, blessant gravement deux de ses occupants. L'automobile où se trouvaient les époux impériaux continua sa route vers l'hôtel de ville et la réception eut lieu comme prévu.

L'archiduc François-Ferdinand

La veste d'uniforme portée par François-Ferdinand lors de son assassinat à Sarajevo, le 28 juin 1914.

À gauche : François-Ferdinand, Sophie et leurs enfants en 1909. Ci-contre : l'archiduc lors d'une réception à Sarajevo, peu de temps avant sa mort. Ci-dessous : François-Ferdinand et Sophie peu après leur arrivée à Sarajevo, le 28 juin 1914. Page opposée : Nedeljko Cabrinovic, l'un des conspirateurs, est arrêté peu après son attentat manqué contre l'archiduc.

À l'issue de celle-ci, François-Ferdinand demanda à être conduit auprès des deux hommes blessés dans l'attentat. Alors que l'un des membres de l'entourage impérial s'inquiétait des dangers encourus, le général Potiorek répliqua : « Croyez-vous donc que la ville de Sarajevo est remplie d'assassins ? » Malgré les réticences, l'archiduchesse insista également pour accompagner son époux, indiquant : « Dès lors que l'archiduc se montre en public aujourd'hui, je me dois d'être avec lui. »

Malheureusement, nul ne songea à prévenir le chauffeur du changement d'itinéraire, de sorte qu'il se dirigea vers la gare plutôt que vers l'hôpital. Lorsque son erreur devint apparente, il lui fut ordonné de rebrousser chemin.

Le chauffeur entreprit alors de faire demi-tour au prix de plusieurs manœuvres. À cet instant, un autre des conspirateurs, nommé Gavrilo Princip, se trouvait non loin de là. Apercevant à quelques mètres l'homme que lui et ses amis étaient venus tuer, Princip n'hésita pas une seconde. Il sortit un pistolet de son manteau, grimpa sur le marchepied de l'automobile et tira deux coups de feu.

La première balle frappa l'archiduchesse à l'abdomen, la seconde atteignit l'archiduc au cou et lui trancha la veine jugulaire. Avant de perdre connaissance, François-Ferdinand s'exclama : « Sophie, ne meurs pas, reste en vie pour nos enfants ! » Aussitôt après l'attentat, l'automobile se dirigea

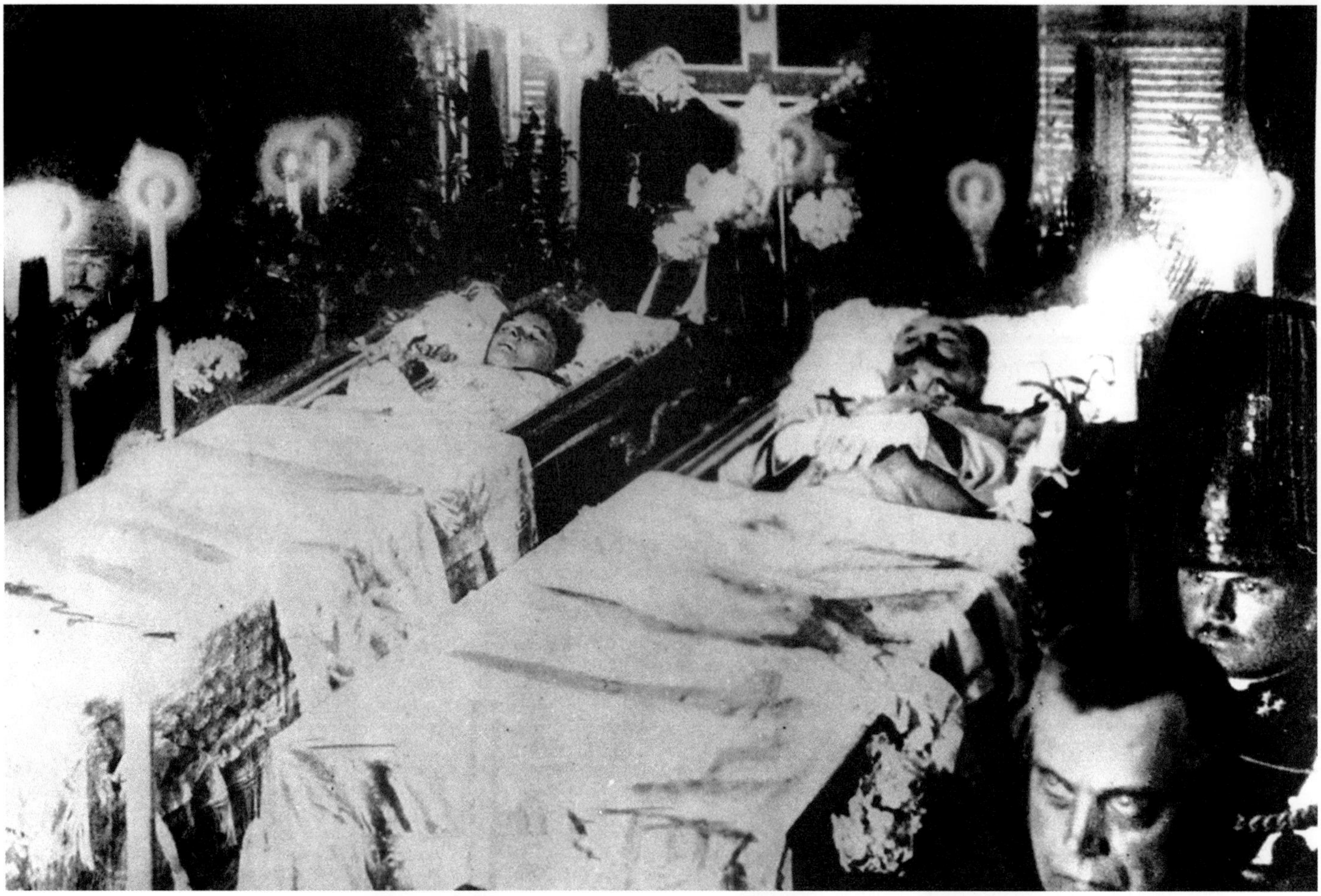

En haut : les corps de l'archiduc et de l'archiduchesse.
À gauche : Danilo Ilic, organisateur du complot.
Ci-contre : Gavrilo Princip en prison. Page opposée en haut : des nationalistes serbes assistent au procès des conspirateurs. Au centre : les hommes accusés de l'assassinat sont conduits au tribunal : Princip (1) , Ilic (2), Cabrinovic (3).

à vive allure vers la résidence du gouverneur. Lorsqu'elle l'atteignit, les époux vivaient encore, mais ils succombèrent peu après à leurs blessures.

Sur la scène du crime, Princip avait été saisi par plusieurs membres de l'escorte, frappé avec le plat d'un sabre et jeté au sol. Trop jeune pour encourir la peine de mort, il fut condamné à vingt ans de prison et mourut en captivité le 28 avril 1918.

Le 28 juillet 1914, un mois exactement après l'assassinat, et en conséquence directe de celui-ci, l'Autriche-Hongrie déclara la guerre à la Serbie. Aussitôt, la Russie apporta son soutien officiel aux forces serbes, ce qui lui valu un ultimatum de l'Allemagne. Le 1er août 1914, l'Allemagne déclara la guerre à la Russie. Le même jour, la France décréta une mobilisation générale. Le 3 août, l'Allemagne déclara la guerre à la France, puis elle envahit la Belgique vingt-quatre heures plus tard. Le 4 août, en réponse à ce coup de force, la Grande-Bretagne déclara la guerre à l'Allemagne. Durant les quatre années qui suivirent, près de quinze millions d'hommes trouvèrent la mort. À la fin du conflit, l'Empire austro-hongrois, voué au malheureux François-Ferdinand, avait cessé d'exister.

À la mort de son père, en 1921, Alexandre Karadjordjevic monta sur le trône du Royaume des Serbes, Croates et Slovènes, État nouvellement institué, deux années auparavant, par le traité de Versailles. En 1929, il adopta pour son pays le nouveau nom de royaume de Yougoslavie. Alexandre devint roi par accident : son frère aîné, Georges Karadjordjevic, dut renoncer à ses prétentions au trône après avoir tué l'un de ses serviteurs à coups de pied.

Militaire courageux et compétent, Alexandre fit grandement avancer la cause des Serbes durant la Première Guerre mondiale. De façon curieuse, Alexandre Ier était également superstitieux. En trois occasions, un membre de sa famille avait été tué un mardi, et il refusait d'entreprendre toute action publique en ce jour de la semaine. Le mardi 9 octobre 1934, une visite officielle en France, destinée à forger une alliance contre l'Allemagne nazie naissante, le contraignit cependant à apparaître dans les rues de Marseille en compagnie du ministre français des Affaires étrangères Louis Barthou. L'automobile où ils avaient trouvé place fut attaquée par un nationaliste croate nommé Vlado Chernozemski. Celui-ci déchargea son arme à bout portant sur les occupants du véhicule, tuant sur le coup le roi, Barthou et le chauffeur.

En une première mondiale, la scène fut filmée de bout en bout par un caméraman travaillant à la réalisation d'un film d'actualités. Sa tâche fut facilitée par le fait que le corps du chauffeur s'était affaissé contre le frein, bloquant ainsi l'automobile. Après son geste, Chernozemski fut immédiatement frappé d'un coup de sabre par un policier à cheval. Il tomba au sol et fut battu à mort par la foule.

Alexandre Ier de Yougoslavie

Des policiers entourent le corps de Vlado Chernozemski, lynché par la foule après qu'il eut assassiné le roi Alexandre Ier de Yougoslavie, le 9 octobre 1934.

En août 1940, l'attention du monde était tout entière portée vers l'Europe, où la Seconde Guerre mondiale s'étalait dans toute son horreur. La France était déjà vaincue et la Luftwaffe d'Adolf Hitler effectuait des raids aériens quotidiens sur l'Angleterre. Dans un tel contexte, l'assassinat du révolutionnaire russe Léon Trotski, perpétré dans un faubourg de Mexico par un agent à la solde de l'Union soviétique, passa presque inaperçu.

L'opposition entre Staline et Trotski avait atteint son paroxysme durant les derniers mois de 1926. Staline, lui-même d'une santé mentale fragile, répétait à qui voulait l'entendre que Trotski avait perdu la raison. En 1927, Staline s'en prit directement à un groupe d'opposants, parmi lesquels Trotski, coupable d'avoir imprimé clandestinement son propre programme pour le congrès annuel du Parti. Le 7 novembre 1927, à l'occasion du dixième anniversaire de la révolution d'Octobre, des manifestations antisoviétiques se déroulèrent à Moscou et Leningrad. Une semaine plus tard, Trotski fut expulsé du Parti en même temps qu'un autre opposant nommé Grigori Zinoniev. Après un bref séjour forcé à Alma-Ata, Trotski fut condamné à l'exil en janvier 1929.

Il gagna la Turquie, puis la France, où il arriva en juillet 1933. De nouveau expulsé, cette fois par les autorités françaises, il fut accueilli en Norvège en avril 1934, d'où il fut contraint de s'embarquer vers le Mexique en 1937. Trotski savait qu'il possédait de nombreux ennemis, mais sa méfiance ne lui fut finalement d'aucun secours.

Le 21 août 1940, trois mois après avoir échappé à un premier attentat, il fut assassiné dans son bureau par un agent stalinien nommé Ramón Mercader. Le communiste catalan frappa Trotski à l'aide d'un pic à glace, lui transperçant le crâne jusqu'au cerveau. Dès lors, Staline demeurait le seul survivant des trois fameux révolutionnaires russes.

Léon Trotski

Les médecins mexicains examinent le cerveau de Trotski peu de temps après l'assassinat du révolutionnaire russe.

Au début de l'été 1944, il était clair pour la plupart des hauts gradés de la Wehrmacht que l'Allemagne était dirigée par un fou dangereux. Les défaites répétées sur les fronts oriental et occidental ne semblaient pas affecter le moral du Führer, dont l'inébranlable optimisme était désormais basé sur des stratégies impraticables et des forces armées fantômes. Alors qu'Hitler s'en prenait de plus en plus à ses principaux adjoints, le mouvement d'opposition se consolida, et un plan d'élimination du Führer fut devisé par les généraux Ludwig Beck et Erwin von Witzleben.

Le 20 juillet 1944 au matin, le colonel Claus Schenk von Stauffenberg pénétra dans l'enceinte du quartier général d'Hitler à Rastenburg, en Prusse orientale. Le Führer y avait programmé une réunion de travail avec les principaux membres de son état-major. Schenk von Stauffenberg était un membre de l'aristocratie allemande et un farouche ennemi d'Hitler. Dans la valise qu'il portait avait été placée une bombe de fabrication britannique récupérée par les services secrets allemands. Le conspirateur activa la minuterie de l'engin, plaça la valise sous la table de conférence puis se fit excuser de la salle de réunion. À l'extérieur, il attendit l'explosion puis rentra à la hâte à Berlin, où ses complices devaient se saisir du pouvoir par un coup de force militaire.

De façon miraculeuse, Hitler sorti indemne de l'attentat, qui causa la mort de quatre des hommes présents. Le lendemain, au cours d'un discours radiophonique, il proclama que cet événement prouvait qu'il pouvait terminer sa tâche sous la protection d'un pouvoir divin. Les conspirateurs eurent moins de chance. Quatre d'entre eux, dont von Stauffenberg, furent fusillés le soir même de l'attentat. Certains se suicidèrent, les autres furent jugés, condamnés à mort et pendus à un crochet de boucher au moyen de cordes à piano.

Le complot contre Hitler

Claus Schenk von Stauffenberg, l'homme qui tenta d'assassiner Hitler.

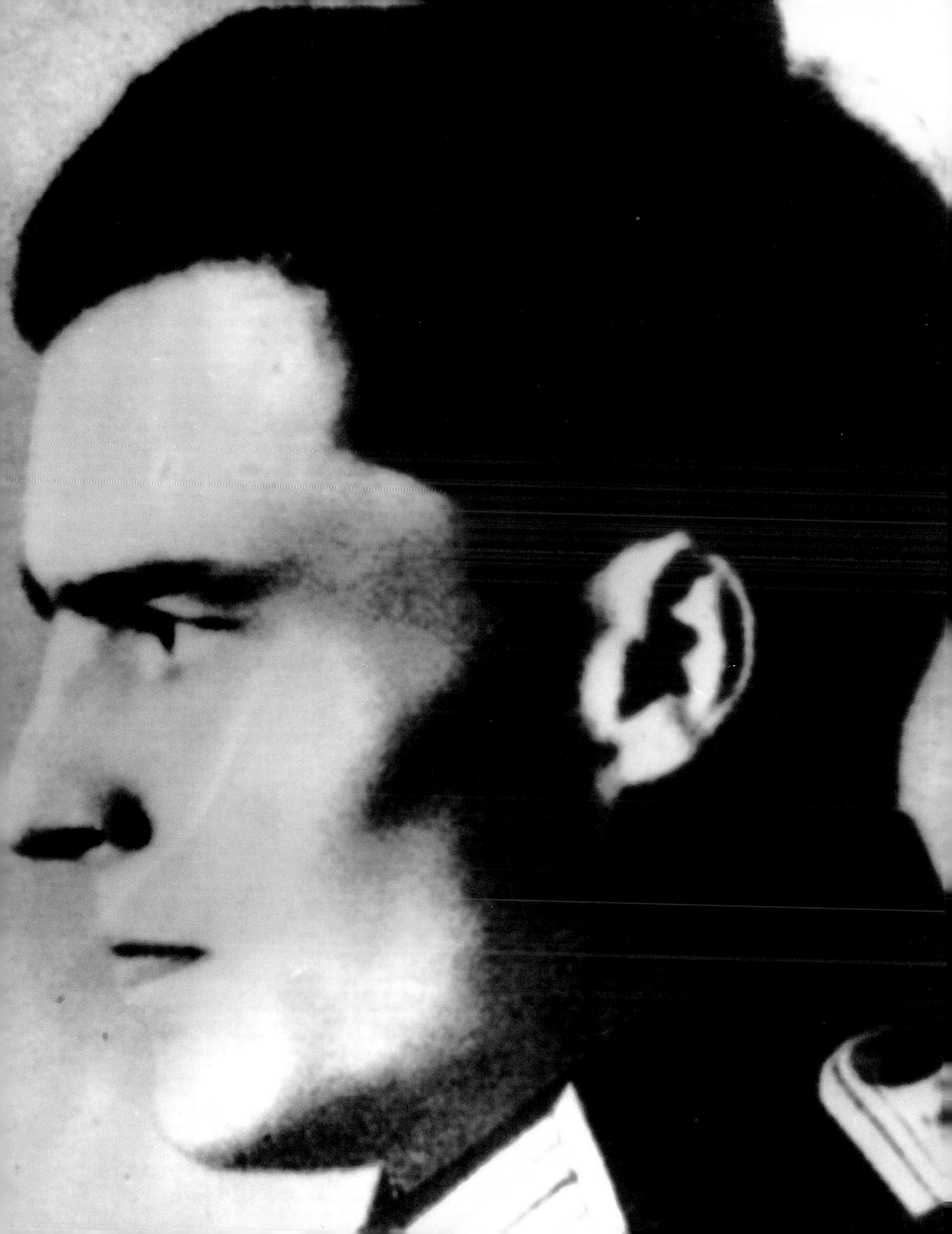

Le président américain John Fitzgerald Kennedy fut tué de plusieurs balles dans l'après-midi du 22 novembre 1963, alors que la limousine où il avait pris place, en compagnie de son épouse Jacqueline et du couple Nellie et John Connally, descendait une avenue de Dallas, Texas. Environ trois quarts d'heure après l'assassinat, un homme nommé Lee Harvey Oswald fut arrêté après avoir abattu l'officier de police Jefferson Tippit, qui tentait de l'interpeller. Au terme de son interrogatoire, cet homme fut également inculpé pour le meurtre de John Kennedy. Deux jours plus tard, alors qu'il se trouvait menotté dans le sous-sol du quartier général de la police de Dallas, Oswald fut à son tour assassiné, devant des millions de téléspectateurs et de nombreux journalistes, par un propriétaire de boîte de nuit nommé Jack Ruby. Ces faits sont les seuls connus avec une absolue certitude dans ce qui reste aujourd'hui le plus fameux assassinat politique des temps modernes.

Le soir du 22 novembre, le corps du président voyagea en avion jusqu'à Washington puis fut transporté au Bethesda Naval Hospital, où fut conduite l'autopsie. Les funérailles furent organisées trois jours plus tard, et l'image de John junior, alors âgé de trois ans, saluant le cercueil de son père demeure l'un des symboles de l'ère Kennedy.

Le 29 novembre 1963, le nouveau président Lyndon Johnson chargea la commission Warren d'enquêter sur les circonstances de l'assassinat. En plus de son président Earl Warren, la commission était formée de deux sénateurs (un démocrate et un républicain), de deux députés (un démocrate et le républicain Gerald Ford), d'un ancien directeur de la Banque mondiale et d'un ancien directeur de la CIA. Dix mois plus tard, la commission rendit son rapport. Dans celui-ci, elle attestait qu'Oswald avait agi seul, et qu'il avait tiré trois balles à l'aide d'un fusil Mannlicher-Carcano depuis une fenêtre du sixième étage du Texas School Book Depository.

John Fitzgerald Kennedy

Robert Kennedy (à gauche), Jacqueline Kennedy et Edward Kennedy lors de l'enterrement de John F. Kennedy au cimetière militaire d'Arlington, en Virginie, le 24 novembre 1963.

La première balle avait manqué la limousine, la seconde, surnommée « la balle magique », avait frappé Kennedy en haut du dos, était ressortie au niveau de sa gorge, puis avait gravement blessé le gouverneur Connally, la troisième avait atteint le président en pleine tête. Kennedy était mort peu après son arrivée à l'hôpital de Dallas.

Au moment même où la commission tirait ces conclusions, d'autres versions des faits commencèrent à circuler : Kennedy avait été tué sur les ordres d'un parrain de la mafia nommé Carlos Marcello ; sur ordre de Lyndon Johnson lui-même ; par des expatriés cubains mécontents de l'attitude de Kennedy vis-à-vis de Fidel Castro ; par la CIA ; par des agents soviétiques ; par « l'homme au parapluie » et un complice au teint sombre filmés par une caméra au moment du passage du cortège présidentiel. En outre, l'explication avancée par la commission pour le meurtre d'Oswald – Jack Ruby aurait voulu épargner à Jacqueline Kennedy l'épreuve d'un procès – apparut peu plausible, et plusieurs experts en balistique mirent en doute les capacités d'Oswald de faire deux fois mouche sur une cible en mouvement située à plus de vingt mètres.

En 1976, les nombreuses théories mises en avant par les divers livres, articles et documentaires parus depuis le crime poussèrent les autorités à nommer une seconde commission d'enquête. Le rapport du House Select Committee on Assassinations suggéra que quatre coups de feu avaient été tirés, dont un depuis la fameuse « butte engazonnée », et que seule une complicité dans la police avait pu permettre à Ruby d'approcher Oswald et de l'abattre. Elle nota également que durant les trois années qui suivirent l'assassinat du président, dix-huit témoins avaient trouvé la mort – six par balle, trois dans un accident de voiture, deux par suicide, un d'une blessure

Page opposée : des taches de sang sont visibles sur la banquette arrière de la limousine à bord de laquelle John F. Kennedy trouva la mort à Dallas, le 22 novembre 1963. En haut : des New-Yorkais lisent les détails de l'assassinat. Ci-contre : le présentateur Walter Cronkite pleure alors qu'il annonce la mort du président à la télévision, le 22 novembre 1963.

à la gorge, un d'un coup à la nuque, trois d'une attaque cardiaque et deux d'autres causes naturelles.

Aujourd'hui, près de quarante-cinq années après les faits, le public ne connaît toujours pas la vérité. L'un des aspects les plus troublants du dossier fut la hâte des autorités à conclure l'enquête – en ignorant au besoin les témoignages gênants – et à reprendre le cours normal des affaires comme s'il ne s'était rien passé.

En haut : le vice-président Lyndon Johnson prête serment à bord de l'avion qui ramène le corps de John Kennedy à Washington. Ci-contre : une photo de Lee Harvey Oswald prise quelque temps avant l'assassinat fait la une du magazine américain *Time*. Page opposée : le corps de Lee Harvey Oswald gît sur un brancard quelques minutes après les coups de feu tirés par Jack Ruby, 24 novembre 1963.

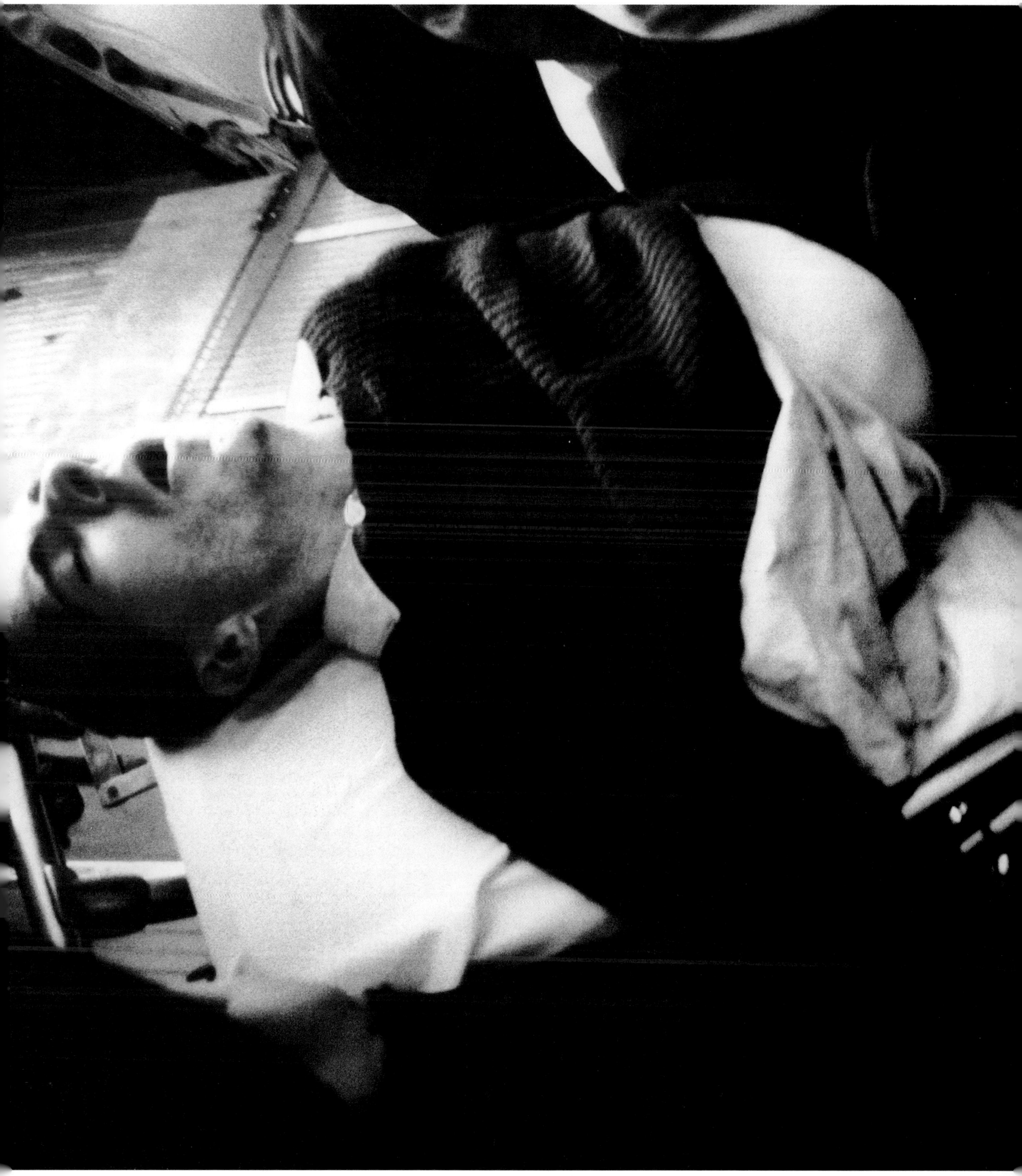

Ce fut le deuxième assassinat à secouer les États-Unis en l'espace de cinq ans. Le premier avait frappé John F. Kennedy à Dallas, Texas, le deuxième frappa le pasteur Martin Luther King Junior à Memphis, Tennessee. Deux carabines et quelques balles avaient suffi à faire voler en éclats le rêve américain d'un nouvel âge de liberté et d'égalité. À la fin des années 1960, Martin Luther King avait accompli une grande partie de ses rêves personnels, mais il continuait de mener avec la même énergie son combat pour le droit et la justice.

En mars 1968, King avait lancé une campagne nationale de soutien aux chômeurs et aux petits employés. Le 3 avril, à Memphis, au cours de l'un de ces discours les plus fameux, il prononça les mots suivants : « Ce qui peut arriver maintenant importe peu. Certains évoquent des menaces lancées par quelques-uns de nos frères blancs. Comme vous tous, je souhaite vivre longtemps, mais cela n'occupe pas mon esprit pour l'instant. Je veux réaliser la volonté de Dieu. Il m'a permis d'accéder au sommet de la montagne, et de là-haut, j'ai aperçu la terre promise. Il se peut que je n'aille pas là-bas avec vous, mais je veux que vous sachiez ce soir, que nous, en tant que peuple, allons accéder à cette terre promise. C'est pourquoi je suis heureux ce soir. Je n'ai aucune crainte. Mes yeux ont vu la gloire liée à la venue du Christ. »

Le lendemain soir, Martin Luther King fut abattu d'une balle dans la gorge alors qu'il se tenait debout sur le balcon d'une chambre du Lorraine Motel, à Memphis. Le révérend Jesse Jackson, à ses côtés au moment du tir, décrivit ainsi les faits : « Il venait de se pencher vers la rue, et je pense que s'il était resté droit, il n'aurait pas été touché à cet endroit. »

Deux mois plus tard, un fugitif nommé James Earl Ray fut arrêté à Londres puis extradé vers les États-Unis. Peu après, il confessa le crime. Pourtant, de nombreux observateurs exprimèrent

Martin Luther King

Le visage mortuaire de Martin Luther King junior, le 8 avril 1968.

des doutes quant à sa culpabilité. Ray n'avait aucune raison personnelle d'éliminer King, et il n'était pas un bon tireur. On ne trouva aucune trace de ses empreintes dans la chambre d'hôtel désignée comme l'origine du tir, et la balle qui tua King ne correspondait pas à l'arme en sa possession. En outre, plusieurs témoins déclarèrent que le coup de feu provenait d'une autre direction.

Dans les jours qui suivirent la mort de Martin Luther King, un grand nombre de villes américaines connurent de violentes émeutes. La municipalité de Memphis fut même contrainte d'instaurer un couvre-feu. De fait, cette mort plongea une génération entière d'Américains dans un profond désarroi.

Page opposée en haut : James Earl Ray prête serment devant la commission d'enquête, août 1968. Page opposée en bas : Coretta Scott King assiste aux funérailles de son époux le 9 avril 1968. En haut : plusieurs membres de l'entourage de King indiquent la provenance du coup de feu, Lorraine Motel, 4 avril 1968. Ci-contre : le sang de Martin Luther King macule le balcon tragique.

Le 5 juin 1968 à 0 h 15, quelques minutes après avoir remporté les élections primaires de l'État de Californie, le sénateur Robert Kennedy quitta la salle de bal de l'Ambassador Hotel, à Los Angeles, où il venait de remercier ses supporteurs par un bref discours. Il entreprit alors de traverser une étroite cuisine attenant à la salle et y fut abattu de trois balles de revolver.

Les supporteurs encore présents entendirent les détonations, puis Stephen Smith, directeur de campagne du sénateur, prit le microphone pour demander à ce que la salle soit évacuée dans le calme. Les premiers bulletins d'information liés à l'attentat affirmèrent que Robert Kennedy était conscient et réceptif. Au cours des vingt-quatre heures suivantes, Frank Mankiewicz, attaché de presse du candidat démocrate, tint le public informé depuis le Good Samaritan Hospital. Le 6 juin au matin, il annonça que Robert Kennedy avait succombé à ses blessures. Son jeune agresseur, tour à tour décrit comme philippin, mexicain, jamaïcain et cubain, fut finalement identifié comme étant un Palestinien nommé Sirhan B. Sirhan.

Cinq ans après celui de son frère, l'assassinat de John Kennedy donna lieu, lui aussi, à des rumeurs de complot. Un jeune couple avait été aperçu s'enfuyant de l'hôtel en criant : « On l'a tué ! », on avait tiré plus de balles que ne pouvait en contenir l'arme de Sirhan, des éléments matériels avaient disparu, et certaines des photographies prises sur les lieux par la police de Los Angeles avaient été détruites.

Sirhan admit d'abord être le tireur, mais il se rétracta peu après, indiquant qu'il avait été désorienté par les séances d'hypnose endurées durant son interrogatoire. Selon la loi californienne, Sirhan aurait pu sortir de prison dès 1984. Il se trouvait toujours incarcéré en 2006, après que ses demandes de liberté conditionnelle eurent été rejetées à treize reprises.

Robert F. Kennedy

Le commis de cuisine Juan Romero soutient la tête de Robert Kennedy, le 5 juin 1968.

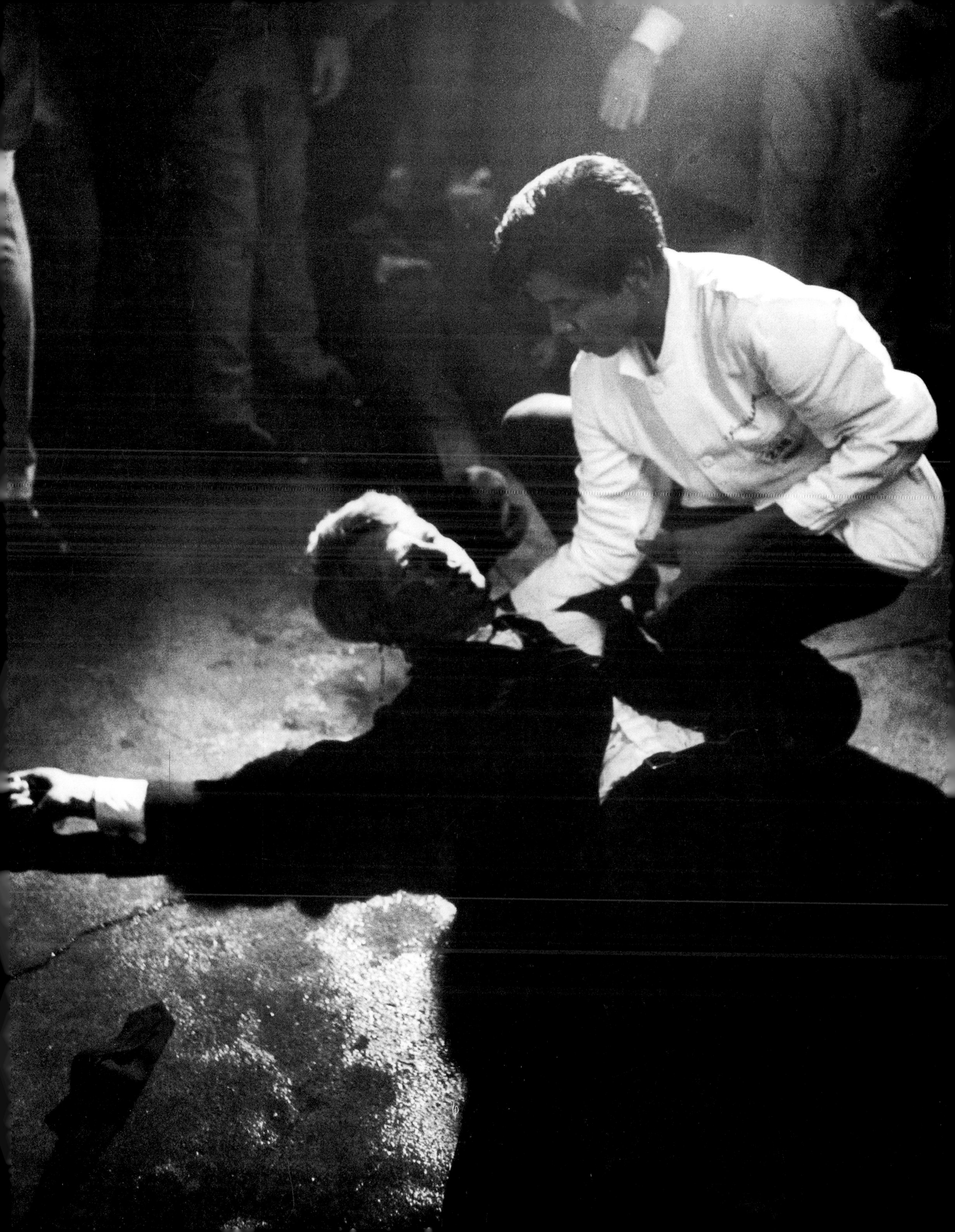

Durant les derniers mois de 1980, John Lennon travaillait sur un nouvel album à New York, aux États-Unis. Le 6 décembre de la même année, l'Américain Mark Chapman prit l'avion à Hawaii à destination de New York. Une voix intérieure lui avait ordonné d'assassiner John Lennon.

Deux jours plus tard, vers 17 heures, John Lennon et son épouse Yoko Ono quittèrent leur appartement de l'immeuble Dakota, sur West 72nd Street, pour se rendre au studio d'enregistrement Record Plant. À sa sortie de l'hôtel, Lennon signa plusieurs autographes, dont un pour Chapman, qui lui présenta un exemplaire de l'album *Double Fantasy*.

Lorsque Lennon et Ono revinrent à leur résidence six heures plus tard, Chapman s'y trouvait encore. Il cria : « Mr Lennon » afin d'attirer l'attention du chanteur, puis actionna à cinq reprises la gâchette d'un revolver de calibre 38. Chapman rata une fois sa cible, mais toucha Lennon au flanc gauche et à l'épaule gauche. Lennon s'écria : « Je suis touché ! », avant de s'effondrer au sol. Il décéda d'une hémorragie massive quelques instants après son arrivée au Roosevelt Hospital. La nouvelle de sa mort fut propagée par les chaînes de radio et de télévision, et bientôt une foule se rassembla devant l'immeuble Dakota, chantant des chansons de Lennon au milieu de bougies et chandelles.

Chapman ne manifesta aucun remord pour son crime. Il indiqua qu'il avait perpétré cet acte « pour devenir quelqu'un » et par jalousie à l'égard de la richesse et de la gloire de l'ex-Beatles. Il fut condamné à une peine incompressible de vingt ans de prison. Ses demandes de liberté conditionnelle ont été refusées à quatre reprises, et Chapman est toujours incarcéré aujourd'hui.

John Lennon

Deux des participants à une veillée funèbre à Central Park, New York, après l'assassinat de John Lennon, décembre 1980.

Quatre présidents des États-Unis – Abraham Lincoln, James Garfield, William McKinley et John Kennedy – ont été assassinés durant leur mandat. Aucun d'entre eux ne fut tué dans l'enceinte de la Maison Blanche ou dans celle d'un autre édifice gouvernemental, et aucun ne rencontra la mort à l'étranger.

Le dernier président américain à subir une tentative d'assassinat fut Ronald Reagan, le 30 mars 1981. Ce jour-là, vers 14 h 30, Reagan regagnait sa voiture entouré de son escorte après avoir donné un discours à l'hôtel Hilton de Washington lorsqu'un homme s'interposa à environ trois mètres du groupe et tira six balles de son revolver Rohm RG-14 en sa direction. Aucune des balles ne frappa directement Reagan, mais l'une d'entre elles ricocha sur la limousine, pénétra son aisselle gauche et le toucha au poumon. Trois membres de l'entourage du président furent blessés durant l'attaque, dont l'attaché de presse James Brady, paralysé à vie. Tandis que l'agresseur était maîtrisé par les agents de sécurité, Reagan fut transporté de toute urgence au George Washington University Hospital. Aux médecins chargés de l'opérer, il dit en plaisantant : « Dites-moi que vous êtes républicains ! »

L'homme responsable de l'attentat était un malade mental du nom de John Hinckley Jr. Au cours des cinq années précédant son geste, Hinckley avait développé une obsession pour le film *Taxi Driver* et l'actrice américaine Jodie Foster, allant jusqu'à projeter de détourner un avion et de se suicider devant les caméras de télévision afin qu'elle l'admire. Il fit ensuite le plan d'assassiner le président des États-Unis afin de devenir aussi célèbre que l'actrice. Avant son geste contre Reagan, Hinckley avait passé plusieurs années à projeter l'élimination du président Jimmy Carter, son prédécesseur.

L'attentat contre Reagan

John Hinckley Junior est emmené en voiture après sa tentative d'assassinat contre le président Reagan, le 30 mars 1981.

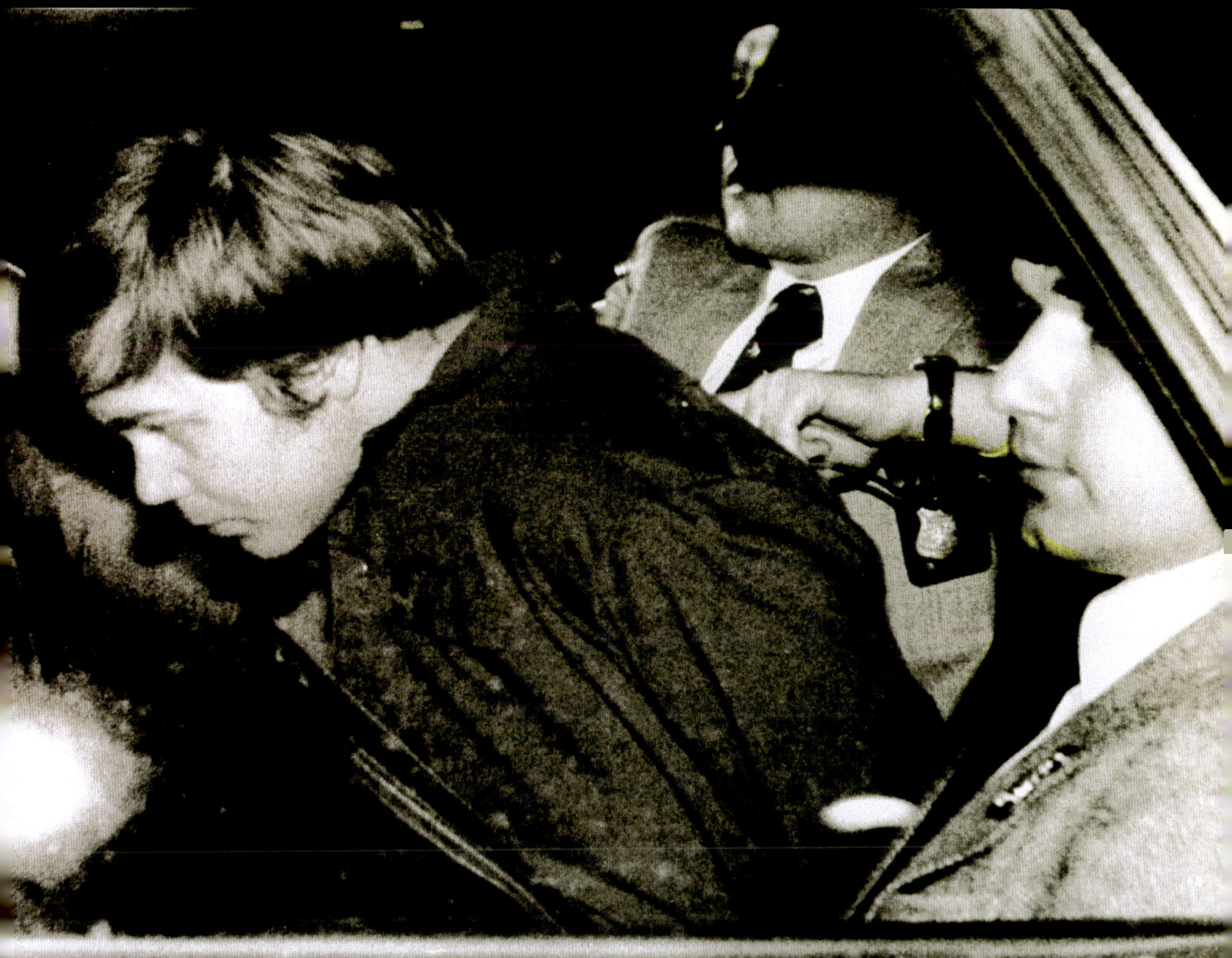

À l'issue du procès, le 21 juin 1982, John Hinckley fut jugé irresponsable, malgré l'insistance du procureur pour le présenter comme sain d'esprit. Ce verdict outra la plupart des Américains, et quatre États résolurent, après celui-ci, d'abolir la clause d'irresponsabilité pour aliénation mentale. Hinckley fut enfermé au Saint Elizabeth Hospital, à Washington. Après dix-sept années de détention, il fut autorisé à rendre de brèves visites surveillées à ses parents. Un an plus tard, la surveillance fut levée, mais les visites furent supprimées lorsqu'il fut découvert que Hinckley avait introduit des photographies de Jodie Foster dans sa chambre d'hôpital. À ce jour, il demeure privé de sa liberté.

En haut : sous une pluie fine, Ronald Reagan salue ses supporteurs en quittant l'hôtel Hilton. Au centre : officiers de police et agents des services de sécurité plongent afin de protéger le président et de maîtriser son agresseur. Ci-contre : après l'agression, trois hommes restent au sol : l'attaché de presse James Brady, l'agent de sécurité Timothy McCarthy et l'officier de police Thomas Delahanty.

Au printemps 1981, Jean-Paul II se trouvait au sommet de sa popularité et de son influence. Après deux années dans sa fonction, il était unanimement considéré comme un diplomate dévoué et de grand talent sur la scène mondiale. Jean-Paul II était alors vénéré par tous les catholiques, et plus encore au sein de son enclave du Vatican.

L'après-midi du 13 mai 1981, sur la place Saint-Pierre, à Rome, le pape traversait une foule d'environ dix mille personnes à bord de la « papamobile » lorsqu'un homme joua des coudes pour accéder aux premiers rangs, sortit une arme à feu et tira deux balles en direction du souverain pontife. Atteint à l'abdomen, le pape fut immédiatement transporté à l'hôpital Gemelli et opéré en urgence. Peu après, un bulletin de santé émis par les médecins prédit un rétablissement rapide.

L'attaque avait été perpétrée par un ultranationaliste turc de vingt-trois ans nommé Mehmet Ali Agça. Au moment des faits, Agça était un fugitif, condamné pour l'assassinat du rédacteur en chef d'un quotidien turc en février 1979. Incarcéré dans une prison de haute sécurité en juin de la même année, Agça avait réussi à s'en échapper cinq mois plus tard. Peu de temps après cette évasion, l'homme qui avait dénoncé Agça fut torturé et tué. Agça envoya ensuite plusieurs lettres au quotidien turc *Milliyet* dans lesquelles il annonçait son intention de tuer le pape. Lors de son arrestation, la police italienne trouva sur le nationaliste turc une note expliquant son geste par les mots suivants : « J'ai tué le pape afin de protester contre l'impérialisme de l'Union soviétique et des États-Unis, et afin de dénoncer les génocides au Salvador et en Afghanistan. »

L'attentat contre Jean-Paul II

Plusieurs gardes du corps s'efforcent de réconforter Jean-Paul II quelques instants après l'attentat, le 13 mai 1981.

Le procès d'Agça fut organisé deux mois seulement après l'attentat. Son défenseur tenta, en vain, d'accréditer la thèse que la justice italienne n'était pas habilitée à juger un crime commis au Vatican. Agça fut condamné à la prison à perpétuité. Bientôt, des rumeurs se firent jour. On rapporta que les services secrets bulgares avaient offert, avec la bénédiction du KGB, un million deux cent cinquante mille de dollars à Agça pour qu'il élimine le pape.

En juin 2000, le président italien Carlo Ciampi ordonna la libération d'Agça, incarcéré depuis dix-neuf ans. Agça servit ensuite une peine de cinq ans dans une prison turque pour le meurtre du rédacteur en chef puis fut libéré sur parole en janvier 2006. Peu de temps après, cette libération fut jugée illégale et il fut de nouveau incarcéré.

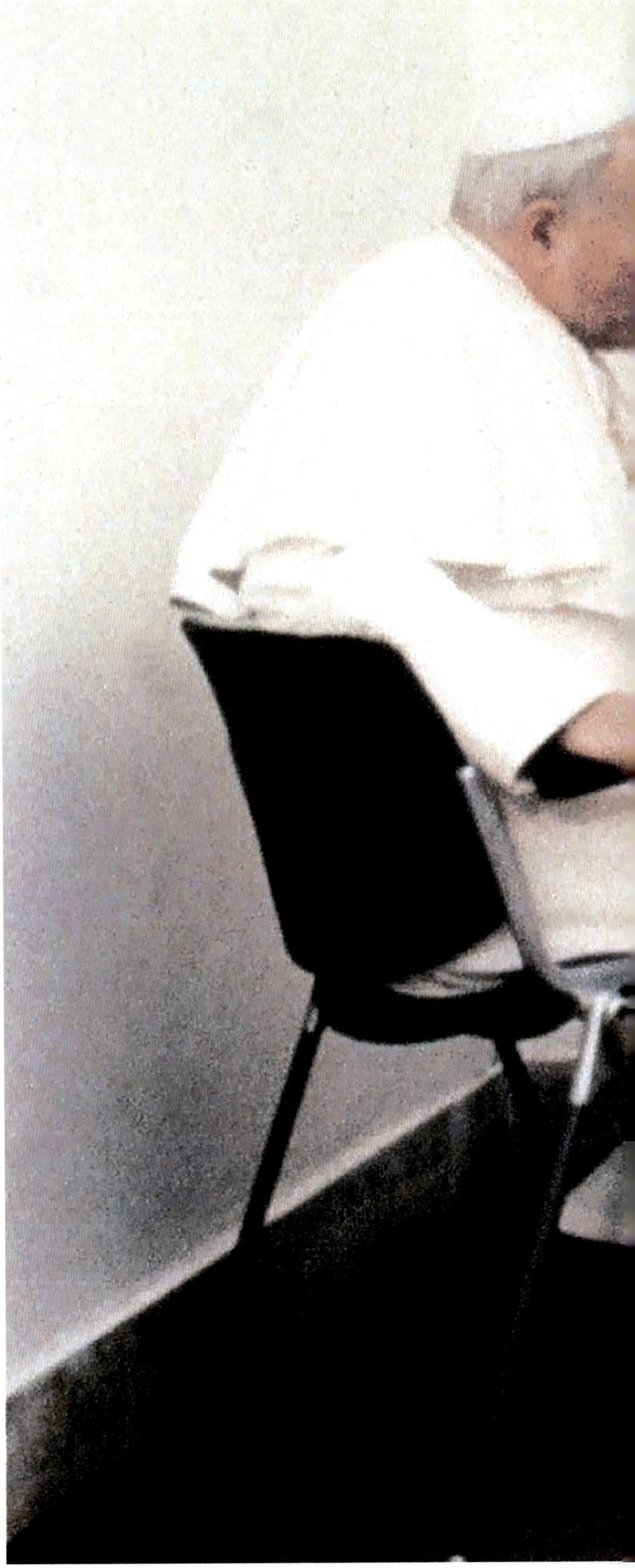

27 décembre 1983 : le pape rend visite à son agresseur à la prison d'Ancône, Italie. À l'issue de son entretien, il décrira Agça comme « un frère que j'ai pardonné et à qui je donne ma confiance ». Ces mots du pape ont sans doute favorisé la libération ultérieure de l'ultranationaliste turc.

Autres assassinats

1er janvier 1939 : un homme gît au sol, abattu après une dispute lors d'une partie de boules.

Le 14 septembre 1922 au soir, le révérend Edward Hall, pasteur anglican de New Brunswick, dans l'État du New Jersey, s'en alla rejoindre discrètement Eleanor Mills, sa maîtresse et l'épouse de son sacristain. Ce fut leur dernier rendez-vous. Trente-six heures plus tard, leurs corps furent découverts par un autre couple d'amoureux au bord d'un chemin, à l'ombre d'un imposant pommier sauvage.

La liaison entre le pasteur et la femme du sacristain était connue d'un grand nombre des habitants du bourg, dont Frances Hall, épouse du pasteur, et Henry et William Stevens, frères de celle-ci. Henry, William et leur sœur se trouvèrent bientôt accusés du double meurtre, et le procès s'ouvrit quatre années après les faits. Auparavant, Henry Carpender, cousin de Frances Hall, avait également été soupçonné du crime. Il existait bien sûr un mobile, mais bien peu de preuves.

Jane Gibson, surnommée « la femme aux cochons », était une voisine des Hall. Appelée à la barre, elle témoigna qu'elle se trouvait à proximité du lieu du crime, qu'elle avait entendu les échos d'une querelle, puis qu'elle avait entrevu une lutte suivie de cris et de plusieurs coups de feu. Atteinte d'un cancer, elle fit cette déclaration depuis un lit planté au milieu du tribunal alors que sa mère, assise non loin de là, s'obstinait à crier à qui voulait l'entendre que sa fille était une menteuse. Pour sa défense, Frances Hall déclara qu'elle se trouvait à l'église en compagnie de son frère William au moment du double meurtre.

À l'issue des quatre semaines de procès, les trois accusés furent acquittés. Depuis lors, aucun autre nom n'a pu être avancé pour expliquer ces crimes et aucune arme ne fut jamais trouvée. Nombre d'experts estiment aujourd'hui que le révérend Hall et Mme Mills furent assassinés par le Ku Klux Klan en châtiment de leur péché d'adultère.

Le double meurtre du pommier sauvage

« La femme aux cochons » témoigne depuis son lit durant le procès des accusés des meurtres du pommier sauvage, Somerville, New Jersey, août 1926.

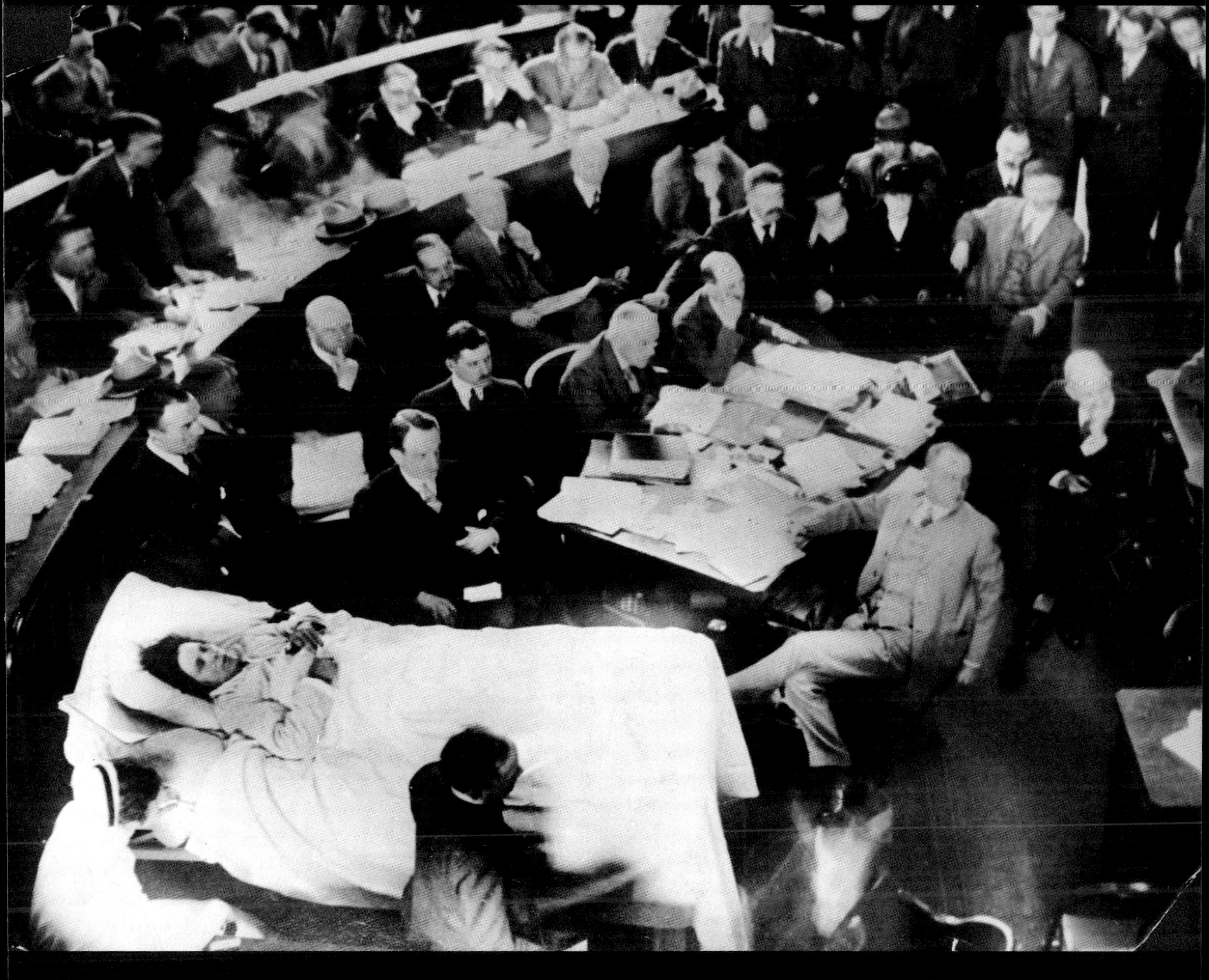

Au Royaume-Uni, le docteur Harvey Crippen a longtemps représenté l'archétype de l'assassin domestique. Sur les photographies d'époque, il apparaît comme un homme de peu d'envergure, faible de caractère et de calvitie naissante, tout entier soumis à son épouse. Crippen, né aux États-Unis, émigra en Angleterre en 1900 en compagnie de sa seconde femme, Cora Crippen, qui tenta de faire carrière au music-hall sous le nom de Belle Elmore. Quelques années plus tard, Crippen, qui vivait de la vente de médicaments, entama une liaison avec sa secrétaire, une certaine Ethel de Neve.

En janvier 1910, le docteur Crippen fit l'acquisition de hyocine, un puissant calmant, et quelque temps plus tard, son épouse disparut. À ses amis, Crippen expliqua qu'elle était retournée aux États-Unis au chevet d'une amie malade. Deux mois plus tard, il leur annonça qu'elle était décédée en Californie. La police fouilla le domicile du docteur mais n'y trouva rien de suspect. Cette recherche et l'interrogatoire qui l'accompagna alertèrent néanmoins Crippen, qui avait enfoui les restes de sa femme dans sa cave. Lui et Ethel de Neve gagnèrent Anvers puis s'embarquèrent sur le paquebot SS Montrose à destination de Montréal. Pour ne pas être reconnus, Crippen avait rasé sa moustache et de Neve, habillée en jeune garçon, se faisait passer pour son fils. Leur stratagème fut éventé par le capitaine du navire, qui envoya un message télégraphique à Liverpool signalant la présence des suspects. L'inspecteur de Scotland Yard Walter Dew s'embarqua aussitôt sur un navire plus rapide et arrêta Crippen et sa compagne dès leur arrivée dans les eaux canadiennes.

Rapatriés en Angleterre, ils furent jugés au tribunal du Old Bailey en octobre 1910. Ethel de Neve fut acquittée, mais Crippen fut reconnu coupable de meurtre et pendu à la prison de Pentonville le 23 novembre 1910.

Docteur Crippen

Un inspecteur de police escorte le docteur Crippen sur l'échelle de coupée du SS Montrose à son arrivée en Angleterre en août 1910.

Le 17 juin 1934, William Joseph Vinnicombe, employé à la consigne de la gare de Brighton, en Angleterre, constata qu'une odeur nauséabonde se dégageait d'une large malle. Un inspecteur de la police ferroviaire appelé sur les lieux découvrit à l'intérieur du conteneur le tronc dénudé d'une jeune femme. Le jour suivant, la tête et les jambes de cette même personne furent mises au jour, dans une autre malle, à la consigne de la gare londonienne de King's Cross. L'autopsie révéla que la jeune femme était enceinte au moment du meurtre.

Pour la première fois dans l'histoire du crime britannique, la police requit l'aide du public par le biais des quotidiens régionaux et nationaux. Une liste de femmes disparues fut publiée, de même que des photos des malles funèbres, mais aucune information concluante sur l'identité de la victime ou du meurtrier ne put être collectée.

Au cours de l'enquête, la police de Brighton fut informée qu'une prostituée locale du nom de Violet Kay, connue pour travailler pour un certain Tony Mancini, n'avait pas été vue depuis plusieurs jours. Une fouille au domicile de Mancini fut organisée. Elle permit de découvrir, dans la cave, une large malle noire contenant le corps de la disparue. Mancini, en fuite, fut arrêté à Londres. Il raconta aux inspecteurs chargés de l'enquête qu'il avait trouvé le cadavre de Violet Kay dans sa cave et que possédant déjà un casier judiciaire, il avait décidé de ne pas alerter la police. Il fut démontré que Mancini ne pouvait pas avoir déposé les malles retrouvées aux gares de Brighton et de Londres, de sorte qu'il fut inculpé pour le seul meurtre de Violet Kay.

Lors de son procès, il fut défendu par le fameux avocat britannique Norman Birkett, qui obtint son acquittement. Quarante ans plus tard, Mancini avoua à un journaliste qu'il était bien l'auteur du crime.

Tony Mancini

La chambre de Mancini à Brighton. Au premier plan, la malle qu'il utilisa pour dissimuler le corps.

En 1927, Bukhtyar Rustomji Rantanji Hakim quitta son Inde natale et s'installa à Édimbourg, en Écosse, afin d'y étudier la médecine. Après avoir obtenu son diplôme, l'homme changea son nom en Buck Ruxton et épousa une Écossaise nommée Isabella Kerr. Le couple déménagea à Lancaster et eut trois enfants, mais leur union était loin d'être idyllique. Ruxton était un homme jaloux et de tempérament violent, qui avait proféré, à plusieurs reprises, des menaces de mort envers son épouse.

Le 15 septembre 1935, il étrangla Isabella, puis il élimina de la même manière Mary Jane Rogerson, nurse du couple qui avait eu l'infortune d'être témoin du crime. Après son geste, Ruxton découpa les deux corps en morceaux qu'il enveloppa dans du papier journal, puis il transporta ces sinistres paquets jusqu'à Moffat, bourg distant de cent soixante km, et les expédia au fond d'un ravin. Il commit cependant une petite erreur : le papier qu'il utilisa provenait d'une édition spéciale du quotidien *Sunday Graphic* publiée uniquement dans la région de Lancaster.

Quinze jours plus tard, deux randonneurs trouvèrent sur leur chemin un morceau de jambe humaine. Au total, quarante-sept débris humains furent récupérés par la police, qui les transmit pour examen à deux médecins légistes de renom, les professeurs John Glaister et James Brash. Glaister et Brash parvinrent à lier l'un des doigts retrouvés aux empreintes de Mary Jane encore présentes au domicile du docteur, puis ils identifièrent la seconde victime en apposant une photographie en vraie grandeur d'Isabella Ruxton sur une vue en rayonnements X de l'un des crânes. Ils parvinrent également à dater les crimes en examinant les asticots sur les chairs en décomposition.

Ruxton fut arrêté, jugé et déclaré coupable. Il fut pendu à la prison de Strangeways, à Manchester, le 11 mai 1936.

Docteur Buck Ruxton

Weidmann choisit le crime dès les premiers temps de son existence. Ce natif de Francfort était un voleur habile et un chef de bande bien avant d'atteindre l'adolescence. En 1937, à l'âge de vingt-neuf ans, Weidmann entreprit de rejoindre à Paris Roger Million et Jean Blanc, deux malfaiteurs français dont il avait fait la connaissance dans une prison de Francfort. Ensemble, les trois hommes louèrent une coquette maison dans la banlieue ouest de Paris et mirent en application leurs plans. Leur première victime fut une danseuse américaine nommée Jean de Koven, abattue de deux balles par Weidmann, qui enterra son corps dans le jardin de la villa. Colette Tricot, maîtresse de Roger Million, se chargea d'encaisser les chèques de voyage de la jeune américaine.

Quelques semaines plus tard, le 6 septembre 1937, le chauffeur de taxi Joseph Couffy, engagé par la bande à l'occasion d'une escapade sur la Côte d'Azur, fut à son tour abattu à la villa. Quatre autres meurtres allaient suivre, tous accomplis pour le gain de sommes dérisoires, le dernier le 27 novembre 1937. Alertée par la plainte d'un parent de victime, la police fit son enquête et ne tarda pas à remonter la piste des malfaiteurs. Ceux-ci furent arrêtés, non sans avoir résisté, et inculpés pour meurtres. À l'issue du procès, en mars 1939, Weidmann et Million furent condamnés à mort. Million bénéficia d'une grâce présidentielle, mais Weidmann fut décapité en public devant la prison Saint-Pierre, à Versailles, le 17 juin 1939.

L'exécution fit scandale. Une large foule y avait assistée, et du fait d'un retard d'une heure dans son application, elle s'était déroulée après le lever du soleil, ce qui avait permit la réalisation de nombreuses photographies. Après avoir examiné un rapport sur l'événement, le président français Albert Lebrun prit la décision de bannir les exécutions publiques. La peine de mort elle-même ne fut abolie qu'en 1981.

Eugen Weidmann

Eugen Weidmann, voleur et meurtrier, est préparé pour la guillotine lors de la dernière exécution publique sur le sol français, le 17 juin 1939.

Le soir du 4 août 1952, un couple d'Anglais et leur fille de dix ans entreprirent de camper en bordure d'une route, à proximité de la ferme La Grand'Terre, sur la commune de Lurs, dans le sud-est de la France. Le lendemain matin, Gaston Dominici, propriétaire de la ferme âgé de soixante-quinze ans, arrêta un motocycliste et lui demanda d'alerter la police. Sur les lieux, les policiers découvrirent les corps d'un homme et d'une femme, abattus à coups de fusil, et celui d'une fillette, sauvagement frappée à la tête à coups de crosse. Quelques heures plus tard, l'arme du crime, une carabine américaine de marque Rock-Ola, identifiée grâce à un éclat de bois, fut retrouvée dans la Durance.

Au cours des trois années suivantes, les soupçons se portèrent successivement sur chacun des membres de la famille Dominici. Le patriarche, Gaston, était le coupable le plus vraisemblable, mais il modifia constamment sa version des faits au cours des interrogatoires. À un certain stade de l'enquête, il avoua, expliquant qu'il était saoul et que les meurtres avaient résulté d'un simple malentendu, puis il se rétracta, expliquant qu'il avait fait cette confession afin de protéger son fils Gustave, propriétaire de la carabine et auteur des crimes. Soupçonneux, les enquêteurs déterminèrent bientôt que la carabine appartenait de fait à Clovis, le deuxième fils de Gaston.

Le vieil homme fut inculpé et son procès s'ouvrit le 17 novembre 1954, plus de deux ans après les faits. À son issue, Gaston Dominici fut reconnu coupable des meurtres et condamné à mort. Le patriarche accusa alors son petit-fils Roger Perrin. Le dossier fut rouvert et après une seconde instruction longue de deux ans, le verdict de culpabilité fut confirmé. En 1957, le président René Coty commua la peine de Gaston Dominici en prison à vie. Trois ans plus tard, Dominici fut gracié par le président Charles de Gaulle. Il mourut libre, à Digne, en 1965, à l'âge de quatre-vingt huit ans.

L'affaire Dominici

Dans la petite salle d'audience du tribunal de Digne, Clovis Dominici (à gauche) accuse son père du meurtre de la famille Drummond, novembre 1954.

Le 12 juin 1966, vers 15 heures, trois policiers en civil effectuaient une patrouille de routine dans une voiture banalisée non loin de la prison de Wormwood Scrubs, dans l'ouest de Londres. En s'engageant dans Braybrook Street, les trois hommes repérèrent une Standard Vanguard d'allure suspecte et décidèrent d'effectuer un contrôle. Les officiers David Wombwell et Christopher Head se dirigèrent vers le véhicule afin d'interroger les occupants. À l'intérieur se trouvaient trois malfaiteurs – John Whitney, John Duddy et Harry Roberts – et plusieurs armes de poing. Craignant la découverte des armes, Roberts, déjà condamné à plusieurs reprises, tua Wombwell d'une balle en pleine tête, puis il abattit Read alors qu'il tentait de regagner la voiture de patrouille. Le troisième officier, Geoffrey Fox, fut abattu par Duddy à l'intérieur du véhicule.

Sitôt après les coups de feu, les trois hommes s'enfuirent à bord de la Vanguard, mais l'un des passants témoins de la scène put noter le numéro d'immatriculation du véhicule. John Whitney, son propriétaire, fut appréhendé quelques heures seulement après les faits. Quatre jours plus tard, John Duddy fut arrêté en Écosse, où il avait tenté de trouver refuge. Harry Roberts demeura introuvable durant trois mois et devint la cible d'une vaste chasse à l'homme. Il fut finalement arrêté le 15 novembre, alors qu'il passait la nuit dans une grange de l'Epping Forest, à quelques kilomètres du centre de Londres.

S'ils avaient commis leurs crimes une année auparavant, Whitney, Duddy et Roberts auraient presque certainement été pendus. À l'issue de leur procès, les trois hommes furent condamnés à la prison à vie assortie d'une peine incompressible de trente ans.

Le massacre de Braybrook Street

Les trois policiers abattus à proximité de la prison de Wormwood Scrubs le 12 août 1966 : (de haut en bas) David Wombwell, Christopher Head et Geoffrey Fox.

Roberts effectua plusieurs tentatives d'évasion, puis en 1996, ayant purgé sa peine, il fit une demande de remise en liberté conditionnelle. Celle-ci lui fut refusée au titre qu'il représentait une menace pour l'ordre public. En 2001, Roberts fit une nouvelle demande, et les autorités lui répondirent cette fois qu'elles enquêtaient sur des allégations faites contre lui. Dans un mouvement de clémence, Roberts bénéficia d'un régime de semi-liberté. Accusé de trafic de drogue et d'activités criminelles au sein de l'établissement, il retrouva bientôt le cadre d'une prison de haute sécurité.

En 2002, il lui fut notifié que l'enquête à son sujet était terminée et qu'il ne pouvait être libéré. Les défenseurs de Roberts firent appel de cette décision auprès de la Chambre des lords, qui accepta d'examiner le cas. En 2006, la commission d'examen rejeta l'appel et décida que Roberts devait demeurer incarcéré. Il est probable qu'il restera en prison jusqu'à ses derniers jours.

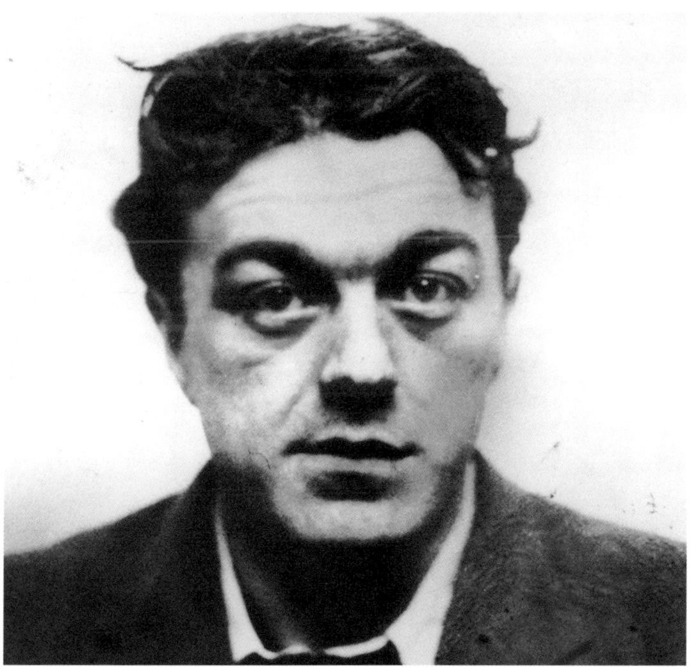

Page opposée : après les coups de feu, le corps d'un policier est recouvert d'une couverture, celui d'un deuxième gît sous la voiture banalisée. Ci-dessus : le campement de Harry Roberts dans un bois du comté de Hertfordshire, à proximité de l'endroit où il fut capturé. Portrait de Harry Roberts diffusé par Scotland Yard peu après la tuerie.

Crimes passionnels

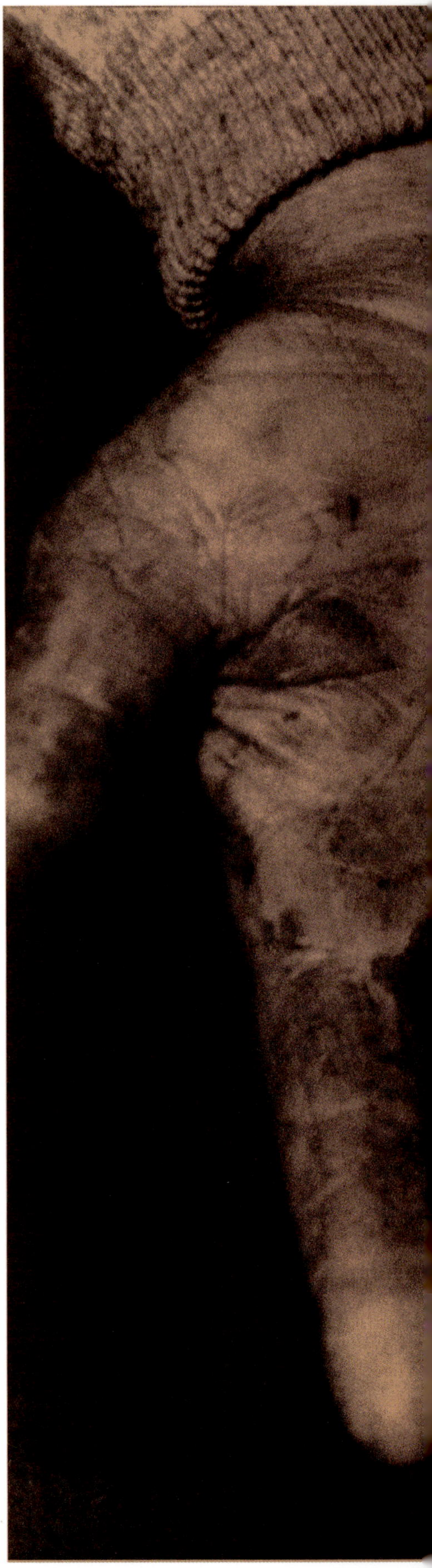

Photo de police des mains maculées de sang de l'émigré palestinien Zein Isa, coupable d'avoir tué sa fille à coups de couteau parce qu'elle refusait de lui obéir, à Saint Louis, États-Unis, le 7 novembre 1989.

Lorsqu'elle épousa James Maybrick à Londres en 1881, l'Américaine Florence Maybrick n'avait que dix-neuf ans, et son époux, quarante-trois. Elle était têtue et impétueuse, mais encore peu au fait des choses de la vie. Lui était le père de plusieurs enfants illégitimes et s'adonnait régulièrement à la prise d'un dangereux mélange d'arsenic et de strychnine. Ces travers furent découverts dès 1887 par Florence Maybrick, qui décida, dès lors, de prendre un amant.

Des rumeurs circulèrent, et bientôt une lettre de l'Américaine à son tendre ami apparut au grand jour. Michael Maybrick persuada son frère James de modifier son testament et prit en charge les biens du couple. À cette époque, James Maybrick avait cessé sa consommation de drogue, mais sa santé empirait. Les médecins lui avaient prescrit du jus de viande, auquel, sur les injonctions de son mari, Florence avait ajouté un peu de sa « poudre ». James Maybrick décéda quarante-huit heures plus tard.

Le procès qui s'ensuivit fut une véritable parodie de justice. L'avocat de Florence Maybrick était vieux et incompétent, et le juge convaincu qu'elle avait tué dès avant l'ouverture des débats. Après seulement trente-cinq minutes de délibération, elle fut reconnue coupable et condamnée à mort sans possibilité d'appel. Son seul espoir résidait dans une grâce de la reine, mais celle-ci ne s'était jamais montrée clémente envers les justiciables. L'opinion publique vint cependant à son secours. Après plusieurs pétitions, la peine de l'Américaine fut commuée en quinze années de prison.

Malgré tout, l'infortunée ne revit jamais ses enfants, et elle décéda dans une extrême solitude le 23 octobre 1941. Plus d'un demi-siècle plus tard, un journal intime attribué à James Maybrick fut découvert par hasard : ces écrits semblent indiquer que James Maybrick et Jack l'Éventreur étaient un seul et même homme !

Florence Maybrick

Florence Maybrick, tueuse probable de celui qui fut peut-être Jack l'Éventreur.

Dans le Paris de la Belle Époque et de l'art nouveau, celui des expérimentations de Pierre et Marie Curie et des dernières œuvres de Zola, le quartier de Belleville était le territoire des « apaches », voyous vivant de petits délits et de proxénétisme. En 1902, un épisode de la vie de Belleville fit la une de tous les quotidiens français. Il s'articula autour d'une prostituée et chanteuse de rue nommée Amélie Hélin, connue sous le surnom de Casque d'Or en raison de ses longs cheveux blonds dorés.

Casque d'Or était aimée de deux hommes. L'un, Joseph Pleigneur, dit Manda de la Courtille, était le chef de la bande des Orteaux, l'autre François Leca, dit le Corse, celui de la bande de Popincourt. Manda et le Corse s'affrontèrent plusieurs fois pour l'amour de leur belle. Le 7 mars 1902, leur différend dégénéra en une violente bataille de rue entre les deux bandes. Les deux meneurs furent arrêtés et inculpés. Lors du procès, le procureur demanda à Joseph Pleigneur les raisons de l'affrontement. Celui-ci répondit : « Le Corse et moi-même nous sommes battus parce que nous aimons la même femme. Nous sommes tous les deux fous d'elle. Avez-vous déjà été amoureux, Monsieur le procureur ? »

Pleigneur et Leca furent condamnés au bagne – le premier à perpétuité, le second pour huit ans – et déportés sur l'île de Cayenne. Éloignés de la femme qui avait causé leur perte, ils devinrent amis, mais ni l'un ni l'autre ne revit jamais la France métropolitaine. À Paris, Casque d'Or, appelée à témoigner durant le procès, avait largement profité de cette publicité. Après avoir épuisé ses talents de chanteuse dans divers cabarets, elle devint successivement lutteuse de foire et dompteuse. En 1927, elle épousa un bonnetier à qui elle allait donner quatre enfants. Elle mourut à Bagnolet le 16 avril 1933.

Casque d'Or

Amélie Hélie, dite Casque d'Or, chanteuse et prostituée dont la beauté fit s'affronter entre eux les voyous de Belleville.

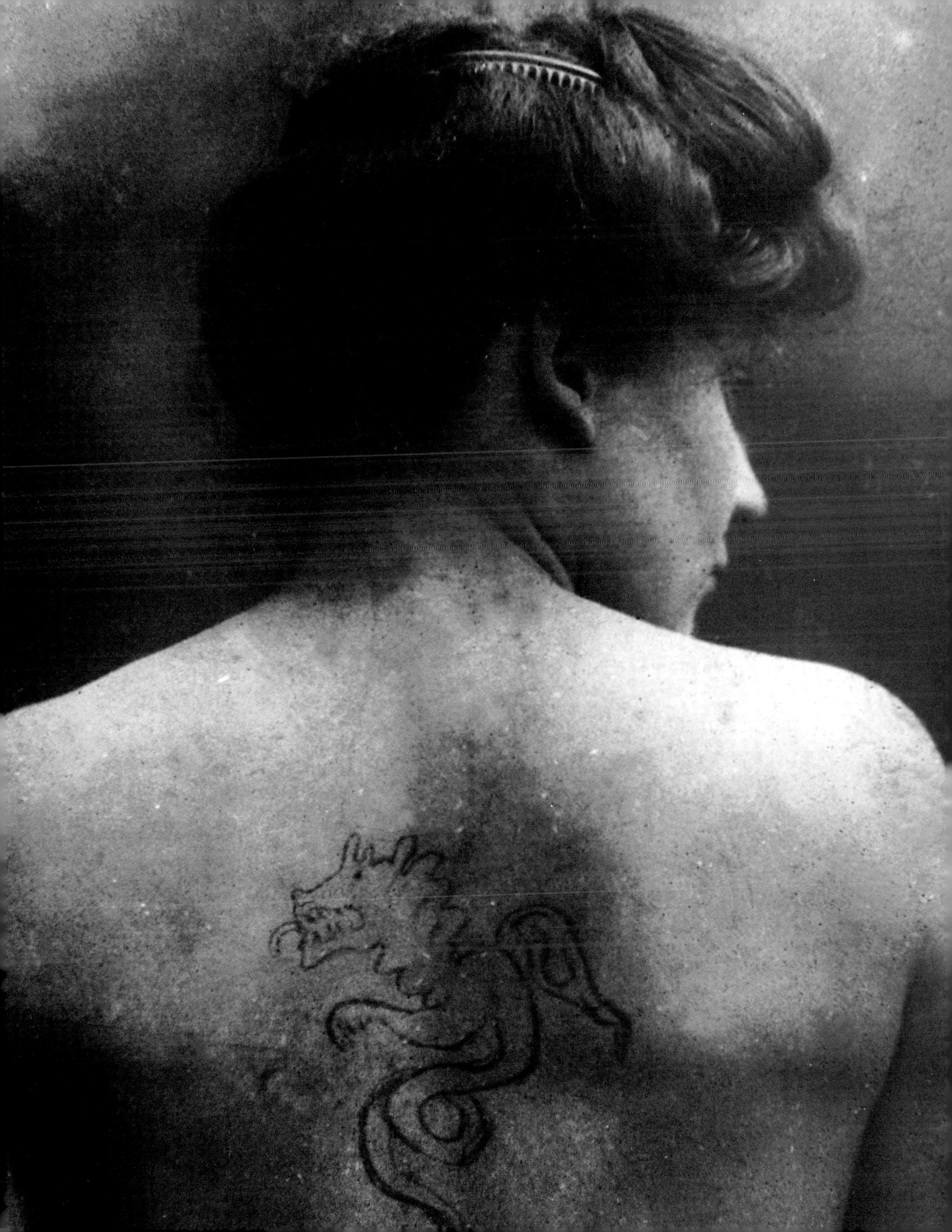

À la fin de l'été 1907, le comte russe Pavel Kamarovsky fut abattu dans sa villa de Venise, en Italie. Le tueur, un jeune compatriote nommé Nicolas Naumov, fut arrêté quelques jours plus tard, sur les indications d'un notaire russe nommé Donat Prilukov. Celui-ci suggéra également que Naumov avait agi sur les instructions de sa maîtresse.

Le procès de Naumov et de ses deux complices ne commença que trois ans plus tard, mais il passionna l'Europe entière. La comtesse Maria Tarnowska, surnommée « la vampire russe » par la presse, vola la vedette à ses deux co-accusés. On découvrit que plusieurs de ses amants s'étaient déjà tués pour elle, et elle admit qu'elle avait entretenu une liaison avec chacun des trois hommes impliqués dans cette affaire. Naumov avoua qu'il avait abattu Kamarovsky par jalousie et par amour pour la comtesse.

Pour sa part, Prilukov confia à la cour : « Ses désirs étaient pour moi des ordres. Pour elle, j'ai abandonné ma femme et mes enfants, dépossédé la plupart de mes clients et sacrifié mon honneur. » Il avoua également avoir participé à l'élaboration du complot ayant conduit au crime. Durant les débats, la comtesse, l'assassin et le notaire s'accusèrent mutuellement et, souvent avec violence, d'être à l'origine de la conspiration. Prilukov, considéré comme le plus équilibré des trois accusés, fut condamné à dix ans de prison à l'isolement. Naumov bénéficia de circonstances atténuantes en vertu de sa fragilité mentale et ne reçut que trois ans de prison.

Maria Tarnowska, reconnue comme souffrant d'hystérie et de convulsions, fut condamné à huit ans de prison. Elle fut incarcérée à Tarni, sur les bords de l'Adriatique, et libérée au bout de cinq ans de peine. La comtesse eut la bonne idée de ne pas retourner en Russie – les bolcheviques lui auraient sans doute réservés un sort funeste. Après s'être installée à Paris, elle mourut en Argentine en 1923.

La comtesse Tarnowska

La comtesse Tarnowska arrive au tribunal de Venise pour y répondre d'une accusation d'incitation au meurtre, 19 mars 1910.

Les relations entre Henriette Caillaux et son mari Joseph ne furent jamais paisibles. Ils avaient été amants alors que Joseph Caillaux était marié, puis avaient officialisé leur union après qu'il eut obtenu le divorce. Cette nouvelle respectabilité était importante, car Joseph Caillaux n'était autre que le ministre des Finances du gouvernement de Gaston Doumergue. Homme de gauche, il était la cible répétée de critiques dans la presse, en particulier de la part de Gaston Calmette, directeur du quotidien de droite *Le Figaro*.

Mme Caillaux tenta d'inciter son mari à provoquer le diffamateur en duel, et devant le refus de celui-ci, elle décida de prendre les choses en main. Le 16 mars 1914, elle se rendit au siège du journal et abattit Gaston Calmette de plusieurs balles, le tuant sur le coup.

Le procès d'Henriette Caillaux fit sensation, d'abord en raison du prestige des personnages impliqués dans l'affaire, mais également par sa remise en cause de la condition féminine. À la veille de la Première Guerre mondiale, la France était encore un pays résolument machiste dans lequel les femmes subissaient de nombreux interdits. Elles n'avaient pas le droit de vote et ne pouvaient détenir une charge publique. Il leur était défendu, lorsqu'elles étaient mariées, de posséder des biens en leur nom ou de prendre un travail sans l'accord de leur mari. Par son geste, l'épouse du ministre avait bouleversé les convenances.

Malgré tout, l'esprit du temps triompha. Le défenseur d'Henriette Caillaux parvint à convaincre les jurés – tous de sexe masculin – que le geste de sa cliente résultait d'une impulsion typiquement féminine et non préméditée. Le 28 juillet 1914, la thèse du crime passionnel fut admise et Henriette Caillaux fut acquittée. Son procès avait fait la une des journaux, mais il fut rapidement oublié avec le déclenchement, quelques jours plus tard, de la Première Guerre mondiale.

Henriette Caillaux

Henriette Caillaux, qui abattit Gaston Calmette, directeur du *Figaro*, afin de sauver l'honneur de son mari, le 16 mars 1914.

L'affaire Yvonne Chevallier contenait tous les éléments du crime passionnel. La victime, Pierre Chevallier, maire d'Orléans, avait été un héros de la Résistance et venait d'être nommé ministre dans le gouvernement de René Pleven. Il entretenait une liaison avec Jeanne Perreau, jeune et sulfureuse compagne d'un voisin âgé et bedonnant. L'accusée était mère de deux garçons et l'épouse délaissée d'un mari volage.

En 1951, Yvonne Chevallier découvrit l'infidélité de son époux, devenue secret de Polichinelle à Paris comme à Orléans. Profondément choquée, elle perdit le sommeil, abusa de médicaments et tenta même de se suicider. Pour toute réponse, elle n'obtint de son mari qu'indifférence et moquerie. Prétextant de la position de celui-ci, elle fit l'acquisition d'un pistolet Mab et de plusieurs chargeurs.

Le 12 août 1951, elle tenta une nouvelle fois de sauver son mariage : elle se jeta aux pieds de son mari et le supplia de lui revenir. Devant son refus, elle menaça de se tuer, ce à quoi il lui répondit d'attendre, pour s'exécuter, qu'il ait quitté la pièce. À bout de nerfs, Yvonne alla chercher son arme. Au rez-de-chaussée de la demeure, l'employée de maison et les deux garçons entendirent quatre détonations. L'aîné se précipita dans l'escalier, mais il y rencontra sa mère, qui le prit par la main et le fit redescendre. Elle retourna alors dans la chambre de son mari, l'acheva d'une balle dans le dos, puis appela la police.

Yvonne Chevalier passa près d'un an en prison avant l'ouverture de son procès. Durant celui-ci, sa grande dignité lui valut la sympathie du public ainsi que celles du juge et du procureur. Il fallut seulement quarante-cinq minutes aux jurés pour rejeter sa culpabilité. Acquittée, elle quitta la France en compagnie de ses deux garçons et passa le reste de ses jours à l'étranger.

Yvonne Chevallier

Yvonne Chevalier, accusée du meurtre de son mari, témoigne durant son procès, novembre 1952.

Si la notion de crime passionnel avait existé dans la loi britannique, Ruth Ellis n'aurait jamais été pendue. Elle tua l'homme dont elle était amoureuse et avec lequel elle n'avait cesser de se quereller depuis leur rencontre. Férocement jalouse et possessive, elle souffrait des infidélités répétées de son amant.

Ruth Hornby naquit à Rhyl, au pays de Galles, en 1926. Ses parents s'installèrent à Londres en pleine guerre, alors qu'elle été âgée de quinze ans. Deux ans plus tard, elle donna naissance à un fils. Le père, un soldat canadien, regagna son pays à la fin de la guerre. Quelque temps après, Ruth prit un travail d'hôtesse dans une boîte de nuit londonienne. Elle y rencontra George Ellis, homme violent et alcoolique, qu'elle épousa et dont elle eut un fils. En 1953, Ruth Ellis fit la connaissance de David Blakely, pilote de course et play-boy au train de vie fastueux. Blakely détestait le travail d'Ellis et se montrait très possessif, ce qui gênait sa compagne. Le 10 avril 1955, à l'issue d'une nouvelle dispute, Ruth Ellis abattit Blakely à l'extérieur d'un pub du quartier londonien d'Hampstead, blessant au passage un passant.

Le procès d'Ellis fut expéditif, et sa culpabilité prononcée au bout d'une délibération de seulement quinze minutes. Condamnée à mort, elle fut pendue le 13 juillet 1955, trois mois après les faits. La veille de son exécution, elle admit qu'un autre de ses amants lui avait fourni l'arme du crime et qu'il l'avait conduit sur les lieux le jour fatal.

La sentence prononcée souleva de nombreuses protestations au Royaume-Uni. Un appel à la clémence signé par plus de cinq cent mille personnes fut adressé au ministre de l'Intérieur, qui le rejeta sans sourciller. De fait, Ruth Ellis avait mal choisi le moment de son crime. Elle tua Blakely en pleine campagne électorale, alors que le parti conservateur au pouvoir avait choisi le maintien de la peine de mort comme l'un de ses chevaux de bataille.

Ruth Ellis

Ruth Ellis pose pour une marque de lingerie féminine au début des années 1950. Ce type d'image lui coûta la sympathie du public et peut-être la vie.

Lorsque le gangster Benjamin « Bugsy » Siegel fut abattu en juin 1947, ses affaires sur la côte ouest des États-Unis furent reprises par un nommé Mickey Cohen. Cohen n'avait ni l'élégance ni le charisme de Siegel, mais il parvint malgré tout à se faire un nom parmi l'élite hollywoodienne. Afin d'assurer sa protection et celle de ses intérêts, Cohen engagea comme garde du corps un ex-marine et gigolo du nom de Johnny Stompanato. Parmi les femmes auxquelles s'intéressait l'ancien militaire figurait l'actrice américaine Lana Turner. En 1957, Stompanato entreprit une cour assidue auprès de la star afin de gagner ses faveurs, et pour ne pas être en reste, il couvrit également de cadeaux Cheryl Crane, sa fille de treize ans. Dès lors, le décor d'un véritable drame hollywoodien était planté.

Tuner et Stompanato entreprirent une vie commune, au cours de laquelle le garde du corps ne tarda pas à montrer son caractère violent. En dépit de leurs fréquentes querelles, les deux amants restèrent sous le même toit jusqu'à la fin tragique de leur idylle, intervenue en avril 1958, peu après la cérémonie des Academy Awards. Lana Turner y était nominée dans la catégorie meilleure actrice pour son rôle dans le film *Peyton Place*, mais la distinction revint à l'Américaine Joanne Woodward. À son retour, Lana Turner fut violemment apostrophé par Stompanato, furieux d'avoir été laissé à l'écart de l'événement. Au cours des jours suivants, leur violente querelle s'envenima.

Le soir du 4 avril 1958, Cheryl entendit les bruits d'une nouvelle dispute entre sa mère et son amant. Alors qu'elle les suppliait d'y mettre fin, l'actrice intima à sa fille de retourner se coucher. Cheryl entendit alors Stompanato menacer sa mère de lui entailler le visage. Elle descendit chercher un couteau de cuisine et revint frapper à la porte de la chambre. Cette fois, Lana Turner consentit à lui ouvrir. À ce moment précis, Stompanato se dirigeait vers la porte, enfin décidé à partir. Cheryl Crane s'avança en étendant le bras et lui transperça l'abdomen. L'ancien

Mickey Cohen et Johnny Stompanato

Mickey Cohen pose pour les journalistes quelques années avant l'affaire.

3 OTHERS SHOT
EXTRA
SHOT
MICKEY TELLS FULL STORY OF TRAP 'BACKFIRE'
PAL NEAR DEATH
COHEN, 3 PALS
MICKEY
COHEN MOB HUDDLES
COHEN TURNS DOWN D.A. ON WIRETAPPING TALK
COHEN MOBSTER DIES
INDICT 5 TOP COPS
EX-NY COP MAY HOLD MOB CLUE
COHEN DEFIES IN GUNMEN
COHEN-COP SCANDAL ROCKS L.A.
VOTE FORD STRIKE 7-1
COHEN GANG KILLER TRAILED IN MEXICO
COHEN THUG DIES
PLOT TO BOMB COHEN BARED
THREATEN TO KILL COHEN IN HOSPITAL
D.A., WORTON IN BITTER FEUD ON COHEN MESS
HIDDEN 'BUG' RIPS VEIL OFF COHEN SETUP
ON GANGS
LINK TO SIEGEL'S MURDER SOUGHT IN COHEN EXPOSE
COHEN SECRETS TOLD
'TAP EXPERT TO SPILL ALL ON COHEN
SEE TRAP CLOSING ON COHEN GUNMAN
D.A. PROBES COP CORRUPTION IN COHEN MESS
COHEN MOB MUSCLING INTO LABOR ROWS
COHEN RECORDS IN POLICE FILES
COPS 'UP TREE' IN COHEN QUIZ
MOB HUNT HITS BLIND ALLEY
POLICE STAGED OF COHEN, HOWSER
$100 MILLION SET
Wound Mickey Cohen in Gun Trap, 3 Near Death
COHEN EXPOSE MAY LEAD TO SIEGEL SLAYING CLUE
Biscailuz Net Snares Suspects in Cohen Amb
Cohen Knows Assassins; Will Take Care of This
Details on Indictments of Horrall, 4 Top Aides Bared
Tom Clark to Get Supreme Court Post
D.A. Goads Bowron Into Cohen Action
Ratifies Atlantic Pact, 82 to
QUENTIN BREAK FOILED
HOWSER NAMES

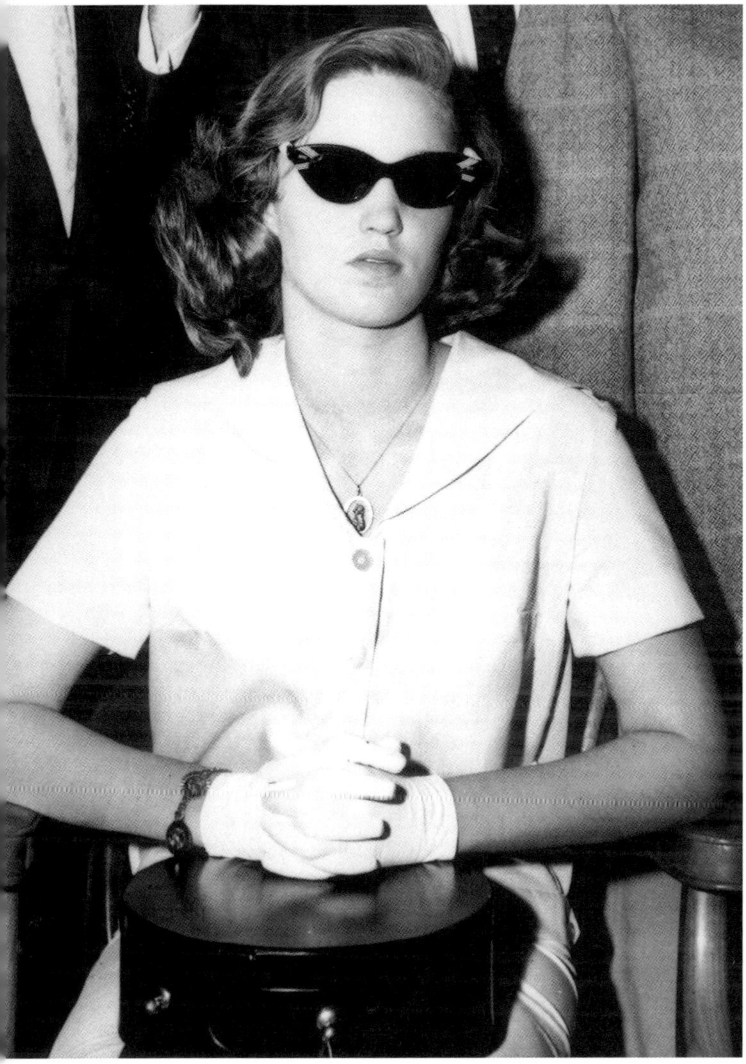

Page opposée en haut : Johnny Stompanato et Mickey Cohen encadrent l'homme d'affaires Mike Howard, Los Angeles, 1949. Page opposée en bas : journalistes et photographes entourent Lana Turner lors du procès de sa fille Cheryl Crane. Ci-dessus : Cheryl Crane à l'époque de son procès.

marine s'effondra au sol. Lana Turner conduisit Cheryl dans sa chambre, appela un docteur et tenta de ressusciter son amant, mais Stompanato décéda sans reprendre connaissance. Le lendemain, la nouvelle du crime fit la une de tous les journaux américains.

Sur les conseils de son entourage, Turner engagea l'avocat Jerry Geisler, bien connu du tout Hollywood. C'est alors que Mickey Cohen intervint dans l'affaire. Pour défendre Stompanato, Cohen communiqua à la presse des photos et des lettres relatives à la liaison de son ami avec l'actrice. Les circonstances de la mort de Stompanato l'avaient laissé perplexe, et il était décidé à éclaircir cette histoire.

À la demande de William McKesson, procureur du district de Los Angeles, le cadavre de Stompanato fut autopsié afin de déterminer si le geste fatal avait eu un caractère accidentel ou délibéré. Jerry Geisler parvint à obtenir que Cheryl Crane soit excusée du procès, au titre du traumatisme dont elle avait déjà souffert. Appelé à la barre, Cohen refusa de témoigner, arguant qu'il risquait d'être accusé de complicité pour ce crime.

Dès lors, devant un tribunal essentiellement rempli de journalistes, de micros et de caméras, Lara Turner devint la véritable vedette des débats. Vêtue d'un ensemble gris, impeccablement coiffée et maquillée, et parfaitement maîtresse de ses gestes, elle répondit aux questions du procureur, de son avocat et du médecin légiste sans jamais se départir de son calme. Lorsqu'elle quitta enfin la salle, le drame était terminé. Au terme d'une délibération d'une demi-heure, le jury accepta la thèse de la légitime défense. Aucune condamnation ne fut prononcée. Rendu furieux par cette décision, Mickey Cohen déclara aux journalistes : « Apparemment, mon copain Johnny s'est approché trop près d'un couteau ! »

Les acteurs du drame prirent, dès lors, des routes séparées : Lana Turner relança sa carrière grâce à la télévision, Cheryl Crane fut confiée à la garde de sa grand-mère, et Mickey Cohen fut emprisonné pour fraude fiscale quelque temps plus tard.

Durant l'été 1963, la haute société britannique fut secouée par un scandale digne du théâtre classique, avec dans les principaux rôles les call-girls Christine Keeler et Mandy Rice-Davies, l'officier de renseignement soviétique Evgueni Ivanov, le ministre de la Guerre John Profumo, et un riche ostéopathe nommé Stephen Ward. L'essentiel de l'action eut pour cadre diverses discothèques de l'ouest de Londres et le somptueux domaine de Cliveden, dans le comté de Buckinghamshire, propriété du vicomte William Astor. Ambitieux, Stephen Ward aspirait à la richesse et recherchait la compagnie de personnages publics. À cette fin, il avait entrepris l'organisation de réceptions mêlant personnalités et prostituées de luxe, et c'est au cours de celles-ci que Christine Keeler rencontra à la fois Profumo et Ivanov. Parallèlement à l'affaire, Ward fut inculpé pour « profits liés à des activités immorales » et se donna la mort le 3 août 1963, dernier jour de son procès.

L'essentiel du déshonneur et de la honte tomba cependant sur l'infortuné ministre John Profumo, membre du gouvernement conservateur de Harold Macmillan. Au début de l'année 1963, Profumo prit la parole à la Chambre des communes afin d'affirmer que sa relation avec Christine Keeler était purement amicale. Dix semaines plus tard, il dut avouer qu'il avait menti. Dès lors, il se trouva soupçonné d'avoir transmis des secrets d'État, soutirés par Keeler pour le bénéfice d'Ivanov. Perdu par ses mensonges, Profumo se résolut à donner sa démission. Quelques mois plus tard, en partie à cause de ce scandale, Harold Macmillan et les conservateurs furent battus par les travaillistes d'Harold Wilson lors des élections législatives.

À sa manière, l'affaire Profumo marqua le début des « swinging sixties », époque durant laquelle les valeurs traditionnelles se trouvèrent soudain remises en cause en même temps que les hommes politiques britanniques perdaient la confiance et le respect dont ils avaient jusque-là

L'affaire Profumo

Vingt-sept ans après, Christine Keeler recrée le cliché qui fut rendu célèbre par l'affaire Profumo en 1963.

bénéficié. Durant le procès, les « sages » et les « anciens » apparurent sous une triste lumière, alors même que la franchise désarmante de Christine Keeler et Mandy Rice-Davies s'étalait au grand jour, apportant une fraîcheur bienvenue.

L'étendue du réseau développé par Ward ne fut jamais réellement connue. Dans une autobiographie parue en 2001, Christine Keeler prétend que Ward travaillait pour l'Union soviétique et que parmi ses agents figuraient Roger Hollis, chef des services secrets britanniques, et Anthony Blunt, membre de l'entourage de la reine Elisabeth II.

En haut à gauche : Mandy Rice-Davies arrive au tribunal, apparemment heureuse de sa soudaine célébrité. En haut à droite : Stephen Ward, riche ostéopathe au centre de l'affaire. Ci-contre : Christine Keeler, mannequin, danseuse, call-girl, et innocente fossoyeuse de carrières politiques. Page opposée : John Profumo, député conservateur et ministre de la Guerre du gouvernement Macmillan.

Le 15 juillet 1997, l'Italien Gianni Versace, créateur de l'une des plus fameuses maisons de couture au monde, fut abattu non loin de sa maison de Miami Beach, en Floride, par un homme portant une chemise blanche, une casquette de même couleur et un sac à dos. Versace revenait de sa promenade quotidienne le long de la mer. Il portait des sandales et était vêtu d'un short et d'un polo de sport de couleur foncée. Dans une poche du short, la police retrouva une somme de mille deux cents dollars, que le meurtrier n'avait pas touchée. Andrew Cunanan, Américain de vingt-sept ans, fut rapidement identifié comme l'auteur du crime, mais rien, ou presque, ne filtra sur son mobile.

Quelques jours après les faits, les autorités annoncèrent que Cunanan était suspecté d'avoir commis quatre autres meurtres, ce qui permis à la famille Versace d'affirmer que le couturier avait été victime d'un acte gratuit commis par un déséquilibré. Divers observateurs n'acceptèrent pas cette version des faits, car il fut rapidement établi que Cunanan était homosexuel et qu'il avait fait la rencontre de Gianni Versace sept ans plus tôt, à San Francisco, à l'occasion d'un défilé de mode. En outre, plusieurs commentateurs notèrent que la plage où s'affichait Versace étaient fréquentées par des culturistes affichant, selon les mots du magazine *Time*, « des deltoïdes larges comme un réservoir de Harley Davidson ». De fait, Cunanan avait développé une véritable obsession envers Versace, au point d'espionner les faits et gestes du couturier durant les cinq semaines qui précédèrent sa mort.

Une semaine après le crime, Cunanan se suicida sur une péniche à moins de trois kilomètres de la demeure de Versace. Peu après, l'embarcation sombra, et avec elle disparurent les éventuels éléments permettant d'établir s'il existait un lien entre le couturier et l'homme au sac à dos.

Gianni Versace

L'assassin (encadré) et la victime font la une du magazine américain *Time* le 28 juillet 1997.

JULY 28, 1997 $2.95
TIME
In the Path of A Killer
Gianni Versace and alleged serial murderer Andrew Cunanan

Kidnappings

L'Américaine Patty Hearst (au premier plan) quitte l'un des appartements de San Francisco où elle fut séquestrée, après une reconstitution, le 16 février 1976.

Le Paris de la fin des années 1920 était une cité prestigieuse et haute en couleurs, où se côtoyaient chanteuses de cabaret, épicuriens et artistes surréalistes. La capitale française était également le refuge de nombreux émigrés de la Russie tsariste, et elle abritait à la fois la résidence d'exil du grand duc Nikolaï Nikolaevitch et le quartier général de l'Union générale militaire russe (ROVS). Ce groupe d'anciens officiers de l'armée du tsar avait pour projet de renverser Staline et de rétablir les Romanov sur le trône de Russie.

Le 26 janvier 1930, l'un d'entre eux, le général Alexandre Kutepov, disparut dans l'une des rues de la cité. L'action avait été rapide et efficace. La police était sur les dents et il n'existait aucun indice. L'hypothèse la plus probable était que le général avait été enlevé par la police secrète soviétique. Kutepov était un ennemi déclaré du bolchevisme. Durant la guerre civile russe, il avait été l'un des commandants de l'Armée blanche d'Anton Denikine. En 1920, sa cause perdue, il avait gagné Paris et prit le rôle de chef de la ROVS. Il y fut rejoint par Nikolaï Skobline, autre officier de l'Armée blanche. Skobline était un homme cruel possédant un penchant marqué pour l'intrique – il officiait en temps qu'agent double, servant à la fois la cause des tsaristes et celle des bolchevistes. Plus tard, Skobline étendit encore ses activités en offrant ses services à la Gestapo.

On sait aujourd'hui que Kutepov mourut alors qu'il était transféré clandestinement vers Novorossiisk, cité des bords de la mer Noire, et que Skobline joua un rôle central dans son enlèvement. Les projets des officiers tsaristes restèrent sans suite. Nul ne sait exactement ce qu'il advint de Skobline. Certains prétendent qu'il périt à Barcelone en 1938 lors d'un bombardement, d'autres affirment qu'il fut à son tour victime de la police secrète soviétique.

Alexandre Kutepov

Les yeux bandés, le médium Allan Kardec tente d'aider la police parisienne à retrouver la trace du général Kutepov.

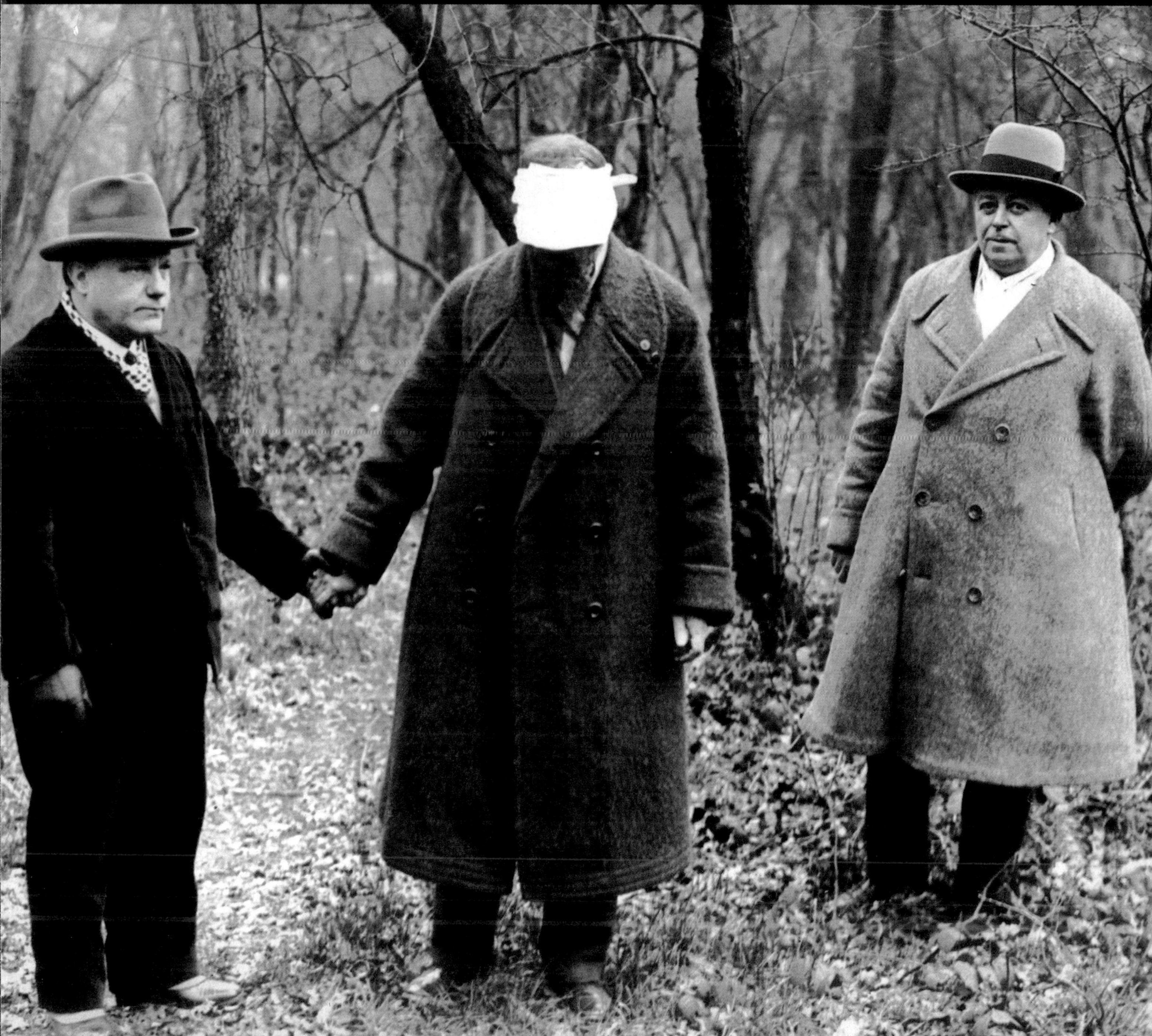

En 1927, à l'âge de vingt-cinq ans, l'aviateur américain Charles Lindbergh devint un héros de l'Amérique après avoir réussi la première traversée de l'Atlantique à bord de son avion monoplace *Spirit of Saint Louis*. Celui que la presse surnomma « l'aigle solitaire » était à la fois modeste et charmant, de sorte que sa popularité ne cessa de croître. Trois ans plus tard, afin d'échapper aux médias, Lindbergh et son épouse Anne Morrow Lindbergh s'installèrent dans une demeure isolée située non loin de Hopewell, dans l'État du New Jersey.

C'est là que naquit, le 22 juin 1930, leur premier enfant, un garçon prénommé Charles Junior, lequel allait connaître un destin funeste. Le 1er mars 1932 entre 20 heures et 22 heures, par une soirée froide et pluvieuse, le jeune Charles Junior fut arraché de son berceau à l'intérieur du domicile familial. Lorsque la police arriva sur les lieux, mené par le colonel Herbert Schwarzkopf, Lindbergh, armé d'une carabine Springfield, parcourait les alentours à la recherche des ravisseurs. Dans la chambre de l'enfant, les policiers trouvèrent une enveloppe cachetée. À l'intérieur de celle-ci, une note à l'encre bleue réclamait une rançon de cinquante mille dollars et annonçait de futures instructions. Le 4 mars, un deuxième courrier adressé à Lindbergh porta le montant de la rançon à soixante-dix mille dollars. Prêt à tous les sacrifices pour retrouver son fils, l'aviateur accepta.

Trois jours plus tard, un certain John Condon offrit de jouer le rôle d'intermédiaire durant la transaction, et sa proposition fut acceptée par les deux parties. Condon rencontra une première fois le ravisseur dans un cimetière du quartier du Bronx, à New York, et exigea des éléments matériels prouvant qu'il détenait l'enfant. Quelques jours plus tard, Lindbergh reçu un paquet contenant la layette portée par Charles Junior le soir du drame. Le 2 avril 1932, Condon rencontra une nouvelle fois le ravisseur, un homme au fort accent allemand, et lui remit

Charles Lindbergh Junior

Charles Lindbergh Junior, quelque temps avant son enlèvement et sa mort tragique.

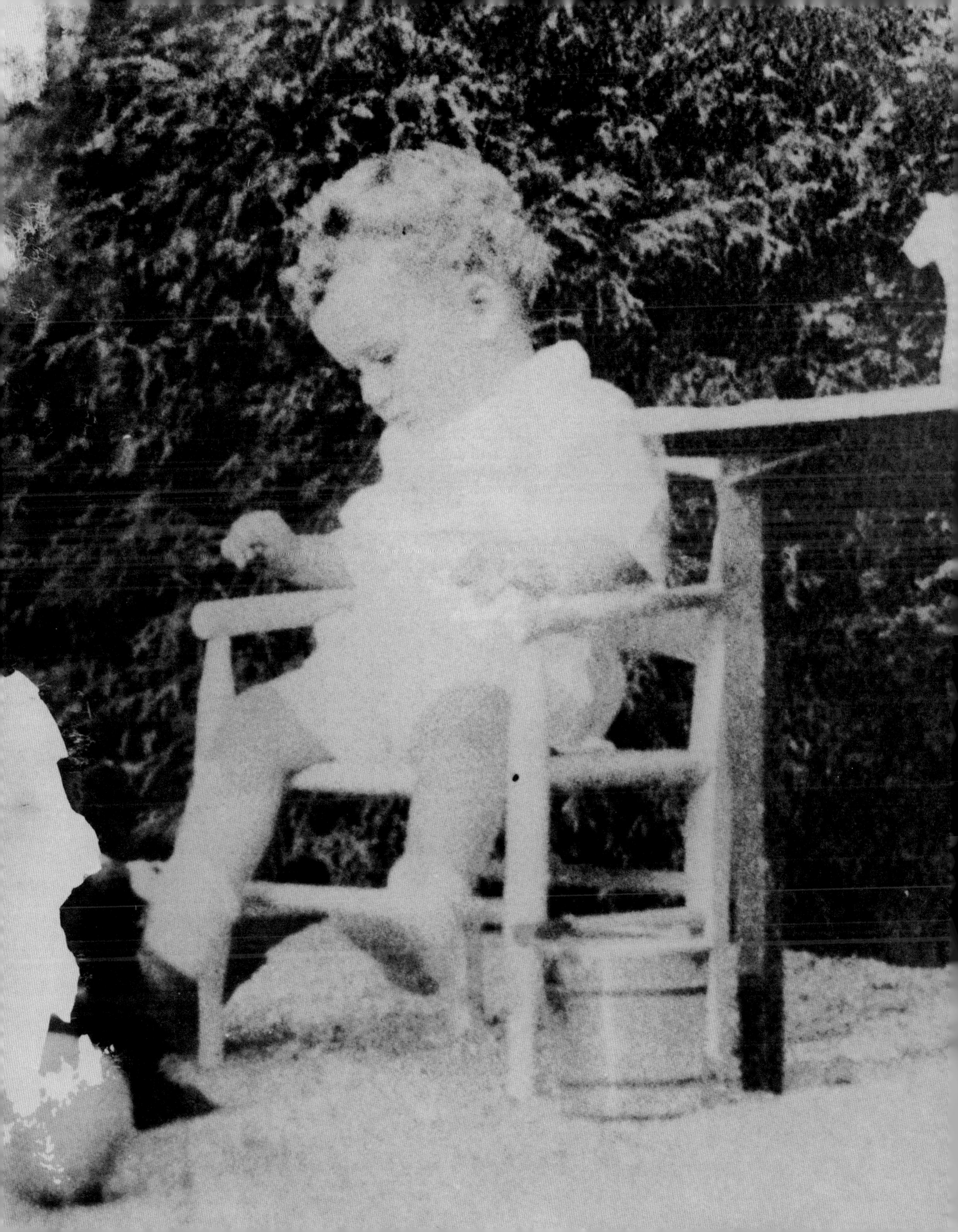

la somme convenue. En échange, celui-ci lui confia une note indiquant le lieu où se trouvait le jeune garçon. L'information se révéla purement imaginaire.

Un mois plus tard, le corps de Charles Junior fut découvert dans un bois à quelques kilomètres de la demeure des Lindbergh. La dépouille était presque entièrement décomposée et le squelette incomplet. L'autopsie permit d'établir que la mort avait été causée par une fracture du crâne.

Au cours du mois de juin, Violet Sharpe, employée de maison des Lindbergh et soupçonnée de complicité par la police, se donna la mort par ingestion d'arsenic. John Condon, l'intermédiaire, fut également soupçonné : les enquêteurs placèrent son téléphone sur écoute, interceptèrent son courrier et fouillèrent sa propriété. Il fut déclaré excentrique mais innocent. Environ un an après la découverte du cadavre, les billets de la rançon, dont les numéros avaient été répertoriés, commencèrent à apparaître. Le gérant soupçonneux d'une station-service du Bronx nota le numéro d'immatriculation d'une automobile après que son conducteur eut payé une petite quantité d'essence à l'aide d'un billet de dix dollars. Le propriétaire du véhicule était un certain Bruno Hauptmann, charpentier allemand entré illégalement aux États-Unis en 1923.

Hauptman fut prestement arrêté et inculpé pour meurtre. Son procès, programmé au début de l'année 1935 à Flemington, dans le New Jersey, fut peuplé d'étranges personnages. Le procureur David Wilentz ressemblait davantage à Al Capone qu'à un représentant de la loi. Pour sa part, Edward Reilly, avocat de Hauptmann, était connu pour son penchant pour l'alcool et les femmes. Sa prestation fut inepte, et quelques semaines après le verdict, il fut interné dans un hôpital de New York.

Le 13 février 1935, à l'issue du procès, le jury déclara Hauptmann coupable. Il fut exécuté le 3 avril 1936 à Trenton, dans le New Jersey. Peu après sa mort, des doutes se firent jour sur sa culpabilité. Pendant soixante ans et jusqu'à son décès en 1994, Anna Hauptmann, épouse de Bruno Hauptmann, continua à affirmer l'innocence de son mari. Le couple Lindbergh eut un autre fils et émigra au Royaume-Uni à la fin de l'année 1935. Peu avant la Seconde Guerre mondiale, Charles Lindbergh déclara son admiration pour Hermann Göring et la Luftwaffe.

En haut : Charles Lindbergh le jour de l'ouverture du procès de Bruno Hauptmann. Au centre : Bruno Hauptmann quitte le quartier général de la police new-yorkaise, le 21 septembre 1934. Page opposée en haut : journalistes et curieux entourent l'endroit où fut retrouvé le corps du jeune garçon, à quelques kilomètres de la demeure des Lindbergh. Page opposée en bas : la seconde signature (en bas) fut reconstituée à l'aide de lettres prélevées sur les notes de rançon.

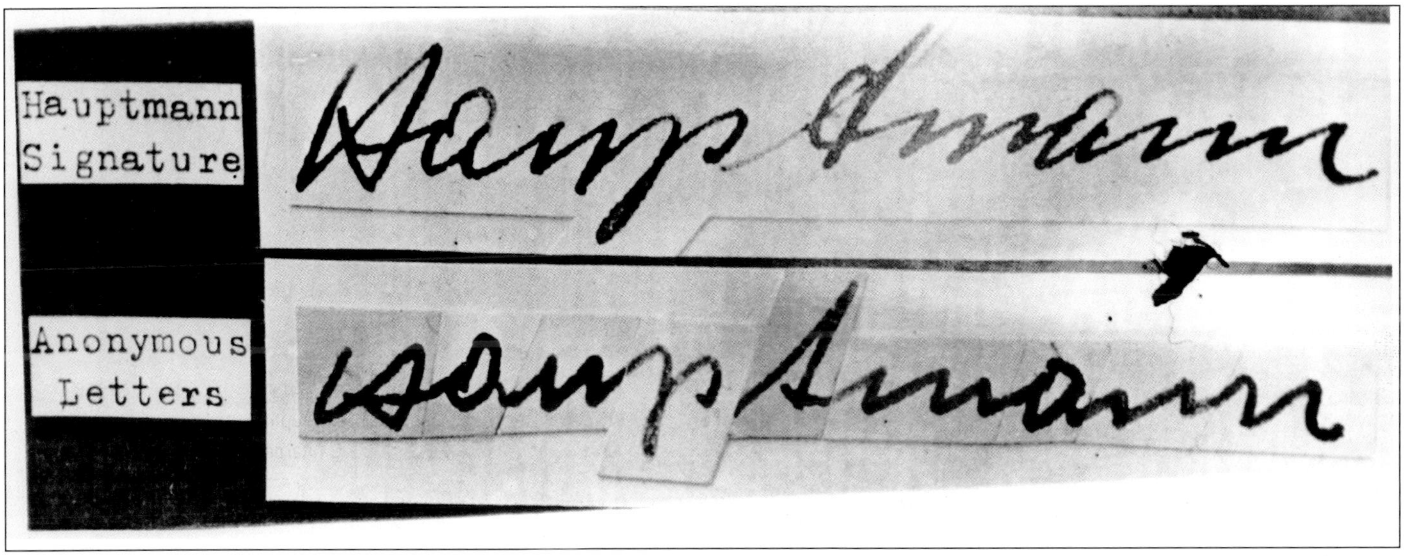
Hauptmann
Signature
Anonymous
Letters

Le 4 février 1974, Patricia Hearst, petite-fille d'un magnat américain de la presse, fut enlevée dans un appartement de Berkeley, en Californie, par plusieurs membres de la Symbionese Liberation Army, groupe d'extrême gauche fixé aux États-Unis et prônant la guérilla urbaine. L'objectif des terroristes était d'obtenir la libération de plusieurs de leurs camarades détenus dans les prisons américaines. Lorsque cette demande fut rejetée par les autorités, les ravisseurs exigèrent la distribution de soixante-dix dollars de nourriture à chaque indigent californien. Le père de Patty Hearst engagea immédiatement six millions de dollars à cette fin, mais l'effort fut jugé insuffisant et Patty Hearst demeura otage.

Quelques semaines plus tard, le 15 avril 1974, une caméra de vidéosurveillance surprit la riche héritière armée d'un fusil d'assaut lors de l'attaque d'une succursale de l'Hibernia National Bank à San Francisco. Cette institution financière avait été fondée par la famille de Patricia Tobin, avec laquelle Patty Hearst avait noué des relations amicales durant sa scolarité. Après le braquage, Hearst fit parvenir plusieurs messages indiquant qu'elle avait embrassé la cause de ses ravisseurs.

Elle fut arrêtée à San Francisco en septembre 1975 en compagnie de plusieurs autres membres de la SLA. Lors de son procès, qui commença quelque quatre mois plus tard, son avocat affirma que Hearst avait été physiquement et sexuellement abusée par les terroristes, et que ses actions avaient résulté d'un véritable lavage de cerveau. Sa plaidoirie fut cependant peu convaincante de sorte que, le 20 mars 1976, Patricia Hearst fut déclarée coupable et condamnée à sept ans de prison. Moins de trois ans plus tard, elle retrouva la liberté en vertu d'une remise de peine signée par le président Jimmy Carter. En janvier 2001, au dernier jour de son mandat, le président Bill Clinton lui accorda un plein pardon.

Patty Hearst

L'image de vidéosurveillance montrant Patricia Hearst prenant part à l'attaque d'une banque de San Francisco, le 15 avril 1974.

En 1977, les journaux à scandale britanniques se repurent d'un étrange fait divers. Après avoir tenté en vain de séduire une vedette de la scène musicale, une jeune américaine, ancienne miss Wyoming, rejoignit l'Église de Jésus-Christ des Saints des Derniers Jours, alla kidnapper un de ses missionnaires en Angleterre, le contraignit à des rapports sexuels, fut inculpée pour cet enlèvement et s'enfuit aux États-Unis avant son procès. L'ex-reine de beauté s'appelait Joyce McKinney, le musicien qui avait eu le bon sens de refuser ses avances avait pour nom Wayne Osmond, le missionnaire mormon était un jeune homme de vingt et un ans nommé Kirk Anderson. Un certain Keith May fut également impliqué dans l'affaire. Il était très amoureux de McKinney, qui elle-même était folle d'Anderson.

Dans l'attente du procès, la presse se frottait les mains. L'accusée, belle et intelligente, s'apprêtait à faire état de ses désirs les plus secrets, et sa victime à en corroborer les plus infimes détails. Lors d'une audience préliminaire, Anderson expliqua que May et McKinney l'avaient conduit dans une maison isolée et attaché à un lit à l'aide de lanières de cuir, de chaînes et de cadenas.

Il précisa : « McKinney arracha mon pyjama et entreprit d'avoir un rapport sexuel. J'étais opposé à cette idée et complètement dérouté par la situation. » Sans perdre sa contenance, McKinney répliqua : « Kirk a besoin d'être attaché pour atteindre l'orgasme. Il est sexuellement excité lorsqu'il se trouve à la merci d'une femme. » Plus tard, elle avoua sa dévotion pour Kirk Anderson en ces termes : « J'étais tellement amoureuse de Kirk que, pour lui, j'aurai dévalé les pentes de l'Everest nue avec un œillet sur le nez. »

Lors du procès, en mai 1978, McKinney fut condamnée à un an d'emprisonnement par contumace. Ayant réussi à rejoindre les États-Unis *via* l'Irlande et le Canada, elle n'avait pas assistée aux débats.

Joyce McKinney

Dans un fourgon de police, l'ex-reine de beauté Joyce McKinney brandit une pancarte expliquant sa version des faits, le 23 novembre 1977.

KIRK LEFT WITH ME
WILLINGLY! HE FEARS
EXCOMMUNICATION FOR
LEAVING HIS MISSION AND
MADE UP THIS KIDNAP - RAPE
STORY.

Le 10 mai 1978, le corps criblé de balles de l'ex-Premier ministre italien Aldo Moro fut découvert dans le coffre d'une automobile stationnée via Caetani, à Rome. De façon ironique, le véhicule se trouvait à peu près à mi-chemin entre le siège de la Démocratie chrétienne et celui du parti communiste italien. Durant les dernières années de sa vie, Aldo Moro avait travaillé sans relâche afin de rapprocher ces deux partis en un mouvement appelé Compromesso Storico (compromis historique).

Un tel réalignement de la gauche était vivement contesté par certaines organisations, parmi lesquelles les Brigades rouges, groupe d'extrême gauche créé en 1970 avec l'objectif avoué de renverser le capitalisme italien par la violence. Le 16 mars au matin, en pleine heure de pointe, un commando des Brigades rouges mené par Mario Moretti enleva Aldo Moro dans une rue de Rome alors qu'il se rendait à la Chambre des représentants. Cinq motards et gardes du corps furent abattus dans l'opération. Peu après, les Brigades rouges publièrent un communiqué stipulant qu'elles relâcheraient Moro contre la libération de quatorze de leurs camarades emprisonnés.

Durant les neuf semaines qui s'écoulèrent entre sa capture et sa mort, Moro écrivit plusieurs lettres adressées aux membres de sa famille, à divers hommes politiques de son entourage et au pape Paul VI. De façon étrange, certaines de ces missives furent publiées près de vingt ans après les faits. Dans ces lettres, de façon peu surprenante, Moro se montrait partisan d'une solution négociée. Pour sa part, l'opinion politique italienne était très divisée, mais elle restait malgré tout majoritairement hostile à tout accord avec des terroristes Certains chrétiens démocrates mirent en doute l'authenticité des courriers, arguant que Moro les avaient sans doute écrits sous la contrainte. Le gouvernement italien choisit la fermeté, s'opposant en cela

Aldo Moro

Portrait d'Aldo Moro pris par les ravisseurs durant sa captivité, en mars 1978.

BRIGATE
ROSSE

à l'attitude adoptée, trois ans plus tard, lors de l'enlèvement d'un autre homme politique nommé Ciro Cirillo. Quoi qu'il en soit, l'enlèvement de Moro faisait l'affaire de nombreux membres de la Démocratie chrétienne et du parti communiste, opposés à toute idée de rapprochement. Le 10 mai 1978, les ravisseurs ordonnèrent à leur otage de s'allonger dans le coffre d'une Renault 4 rouge et de se couvrir le corps d'une couverture. Après s'être exécuté, Aldo Moro fut abattu de dix balles par l'un des terroristes, probablement leur chef Mario Moretti.

Ci-contre : le corps criblé de balles d'Aldo Moro est découvert dans le coffre d'une Renault 4 stationnée via Caetani, à Rome. Le choix de cette artère fut perçu comme une provocation par l'administration italienne. Ci-dessus : les passants rendent hommage à l'ancien Premier ministre italien, lâchement assassiné.

Index

Crédits photographiques

Puiser dans les vastes archives et collections de l'agence Getty Images, riches de près de soixante-dix millions de clichés, n'a pas été une tâche facile pour les éditeurs de cet ouvrage. Tous nos remerciements à nos collègues de l'Agence France Presse, à Jeff Burak et Michelle Franklin de l'agence Time & Life Pictures, et à Mitch Blank et Kristeen Ballard, de la division Getty Images de New York.

Nous souhaitons également remercier l'agence Topham Picturepoint, qui nous a fourni la photographie de la page 187. Toutes les autres photographies proviennent de collections possédées ou gérées par l'agence Getty Images. Celles nécessitant un crédit particulier sont mentionnées ci-dessous.

Légende
h haut **m** milieu **b** bas **g** gauche **d** droite **i** image incrustée

AFP Agence France Presse **AS** American Stock **CNP** Consolidated News Pictures **LOC** Library of Congress **NA** National Archives **NYT** New York Times Co. **T&LP** Time & Life Pictures

2 Vernon Merritt III/T&LP ; **8-9**, **12hd**, **12bg** AS ; **13h** LOC #3a50864 ; **14h** John Swartz/AS ; **18-19** AS ; **21** Mansell/T&LP ; **27bd**, **29** AS; **31h**, **35h** AFP ; **35b** T&LP; **36-37** Francis Miller/T&LP ; **39** Sean Sexton ; **47** George Konig ; **50b** Dennis Oulds ; **53hg** Paul S Howell ; **53hd** Dave Einsel ; **53bg** Pam Francis ; **53bd** James Nielsen/AFP ; **54-55** Ian Cook/T&LP ; **59** Davis ; **69** Terry Fincher ; **70hg** Mitchell ; **77** Ralph Crane/T&LP ; **78h** State of Mississippi Attorney General's Office ; **78b** Kyle Carter ; **79** NA ; **81** Terry Smith/T&LP ; **83** LAPD ; **84h** Jean-Marc Giboux ; **84b** LAPD/AFP ; **85h** AFP ; **85b** Richard Creamer ; **86** Vince Bucci/AFP ; **87** AFP ; **88-89** David Lees/T&LP ; **91** T&LP ; **95**, **99** Hank Walker/T&LP ; **102h** Slim Aarons ; **105** AS ; **107hg** Maeers ; **113**, **115b**, **116b** Fotos International ; **114-115** Vernon Merritt III/T&LP ; **116hg** Terry O'Neill ; **116hd** Ralph Crane/T&LP ; **117** Julian Wasser/T&LP ; **119** David Hume Kennerly ; **121** Tim Roberts/AFP ; **122g** Bob Daemmrich/AFP ; **122-123** Jim Bourg ; **125** Dimitar Dilkoff/AFP ; **126** Jerry Lampen/AFP ; **127** Savo Prelevic/AFP ; **129**, **130bg**, **br** Jefferson County Sheriff's Department ; **130hg** T&LP ; **130-131** Mark Leffingwell/AFP ; **132-133** Scott Peterson ; **135** FBI ; **136** Bob Houlihan/US Navy ; **137** Peter C Brandt ; **138** Mario Tama ; **139** Stan Honda/AFP ; **141** Christophe Simon/AFP ; **161** Ralph Morse/T&LP ; **163** AFP ; **169**, **172hmd**, **173hd** Francis Miller/T&LP ; **170-173** (toutes sauf **172hmd**, **173hd**) Frank Scherschel/T&LP ; **176-177** William H Alden ; **180h**, **181** Adrian Moreland ; **180b** Jack Hickes ; **183** Paul Hawthorne ; **189-191** Terry Smith/T&LP ; **193** Eugene Garcia/AFP ; **194-195** Taro Yamasaki/T&LP ; **197** EPA/PA/AFP ; **198-199** Ian Cook/T&LP ; **201** Greater Manchester Police ; **202-203** Makaram Gad Alkareem/AFP ; **206g** LOC #3a53289 ; **206d** LOC 3g05341 ; **207h** LOC #02961 ; **207b (g-d)** LOC #04208, #3g06468, #04213, #04221, #04217, #04218 ; **208-209** LOC #04230 ; **211** Austrian State Archives/Imagno ; **214h**, **br** Mansell/T&LP ; **219** Bilderwelt/Roger-Viollet ; **224** Art Rickerby/T&LP ; **225h** Carl Mydans/T&LP ; **225b** CBS Photo Archive ; **226h** NA ; **226b** T&LP ; **227** Shel Hershorn/T&LP ; **230b** Santi Visalli Inc. ; **231h** Joseph Louw/T&LP ; **231b** Henry Groskinsky/T&LP ; **233** Bill Eppridge/T&LP ; **235** Luiz Alberto ; **237** AFP ; **238hg** Michael Evans/CNP ; **238bg** Dirck Halstead ; **241-243** AFP ; **244-245** Weegee (Arthur Fellig)/International Centre of Photography ; **257** Thomas D McAvoy/T&LP ; **262-263** Ed Lallo/T&LP ; **273** Nat Farbman/T&LP ; **277**, **278h** Ed Clark/T&LP ; **281** Terry O'Neill ; **282hg** George Cordell ; **282hd** Aubrey Hart ; **285** T&LP ; **286-287** Mickey Pfleger/T&LP ; **295** CNP ; **297** Frank Barratt ; **301hd** Hans Paul/AFP.